**하루 1분
그림게임**

이 도서의 국립중앙도서관 출판예정도서목록(CIP)은 서지정보유통지원시스템 홈페이지(http://seoji.nl.go.kr)와 국가자료공동목록시스템(http://www.nl.go.kr/kolisnet)에서 이용하실 수 있습니다.(CIP제어번호 : CIP2017006676)

일러두기

1. 이 책에 실린 문제들의 답과 풀이법은 여러가지가 될 수 있습니다. 꼭 정답에 맞지 않더라도 자신만의 방법으로 풀어보세요.

2. 그림과 관련된 문제로 입체적으로 상상하며 공간지각능력을 높일 수 있는 문제들이 많습니다. 정답을 찾기 어려운 문제들은 직접 만들어보아도 좋습니다.

보다 빠른 두뇌회전을 위한

하루 1분 그림게임

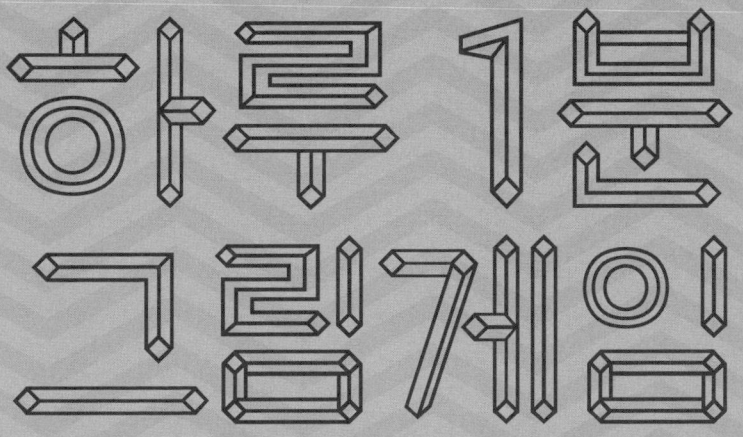

YM기획 엮음 | 조신영 감수

베프북스

감수사
후천적 천재를 가능하게 하는 힘

뛰어난 천재성으로 세상을 바꿀 정도로 역사의 한 획을 그은 인물들이 있다. 세계적인 발명가이자 과학자였던 에디슨, 도르래의 원리를 이용하여 거중기를 발명한 조선시대 최고의 실학자 정약용, 비행기를 발명한 라이트 형제, 매번 혁신의 한계를 깨는 아이디어로 사람들을 놀라게 했던 스티브 잡스까지.

이들에게는 한 가지 공통점이 존재한다. 이들 모두 뛰어난 직관과 창조능력을 갖고 있다는 것이다. 남들이 생각하지 못하는 것들을 생각하고 해나가는 것에는 직관과 창조성이 큰 역할을 한다.

직관을 기르기 위해선 통찰력을 키워야 한다. 그럼 통찰력을 키우기 위해선 무엇을 해야 할까? 관찰하는 연습을 해야 한다. 그냥 멍하니 관찰하는 게 아니라 집중하고, 다양한 관점에서 통합적으로 관찰하는 것이다.

같은 자동차를 볼 때도 소비자 관점과 만든 사람의 관점이 다르다. 디자인을 중요시하는 소비자도 있을 것이며 배기량, 주행성능, 편의성, 안정성 등 각각 다른 관점으로 자동차를 바라볼 수도 있을 것이다. 만든 사람 입장에서 디자이너는 디자인을, 엔지니어는 엔진의 성능과 기술을, 마케터는 소비자들의 구매욕을 자극할 요소를 중점으로 볼 것이다. 같은 대상이라도 관찰자에 따라 보이는 것이 천차만별이라는 이야기다. 이런 관찰력을 기른다면 자연스럽게 통찰력이 생기고, 더 나아가 직관을 기를 수 있다.

창조성은 어떻게 키울 수 있을까? 답은 상상력에 있다. 무엇을 만들든지 가장 핵심적이고 기본적인 바탕이 되는 것은 상상하는 것이다. 앞서 직관을 통해 혁신이 될 만한 요소를 관찰해내고 그것을 바탕으로 상상하기 시작한다. 중요한 것은, 막연하게 상상하는 것이 아니라 독창적이고 구체적으로 상상하는 것이다.

건축물과 휴대폰을 예로 들어보자. 건축가들이 건축물을 짓기 위해선 상상을 해야한다. 손이 알아서 움직이지 않는 한 바로 도면부터 그릴 수 없는 법이다. 뛰어난 건축가일수록 건축물의 크기, 비율, 모양부터 각각의 기능, 목적, 역할, 환경까지 독창적이고도 최대한 구체적으로 상상한다.

무선전화가 없던 당시 공중전화기나 집 안의 유선전화기가 대

부분이었던 상황에서 과학기술의 발전과 함께 무선통신의 개념이 생겨난다. 그리고 누군가는 이것을 관찰하여 상상하기 시작한다. 무선통신의 기술과 집 전화기를 결합해 휴대할 수 있는 무선전화기를 상상하는 것이다. 이렇듯 상상조차 하지 않으면 그대로 상상조차 할 수 없는 일이 되어버릴 뿐이다.

  이런 완성도 높은 직관과 상상력이 동시에 요구되는 것이 바로 공간지각능력이다. 눈에 보이지 않지만 직관과 상상을 통해 공간을 인지하고 머릿속에 그리는 능력이다. 《하루 1분 그림게임》에서 제시하는 문제들을 통해 공간지각능력과 더불어 직관과 상상력을 높여보자. 2차원과 3차원적인 그림, 도형들을 다양한 관점에서 관찰하고 구체적이고 독창적인 관점에서 상상해가는 가운데, 여러분은 자신도 모르는 사이 천재적인 능력을 발휘하고 있는 자신의 모습을 보게 될 것이다.

세계 기억력 선수권대회 한국 대표

조 신 영

Contents

감수사	4
하루 1분 그림게임, 이렇게 활용하세요!	10
From 1Week to 17Week	12
기억법 전문가 조신영의 기억력 향상 **Tip1.**	114
From 18Week to 34Week	116
기억법 전문가 조신영의 기억력 향상 **Tip2.**	220
From 35Week to 52Week	222

하루 1분 그림게임

이렇게 활용하세요!

과다한 업무, 학업 스트레스,
무의미한 일상의 반복…
멈춰버린 뇌에 다시 시동을 걸어볼까요?
매일 특정한 시간을 정해
뇌에 자극을 주는 게임으로
잠들어 있는 뇌를 깨워주세요.

1. 《하루 1분 그림게임》은…

뇌에 자극과 창의를 더해주는 도형 및 그림과 관련된 다양한 문제들을 모아 실었습니다. 난이도와 분야를 골고루 고려하여 구성되었기 때문에 순서대로 하루하루 풀어보는 것을 권해드립니다.

2. 규칙적인 두뇌트레이닝

1Week부터 52Week까지 1년 동안 주말을 제외한 5일 동안 매일 한 문제씩 풀어볼 수 있도록 구성되어 있습니다. 하루에 여러 문제를 풀거나 몰아서 문제를 푸는 것보다, 매일 매일 꾸준히 한 문제씩 풀어나가 보세요.

3. 바로바로 찾아보는 정답

정답지와 문제를 왔다갔다하는 번거로움은 이제 그만! 문제 다음 페이지에 정답을 확인할 수 있도록 구성하였습니다. 바로바로 정답을 확인하세요.

From 1 Week

to
17Week

Day 001   그림 A, B를 보고 D에 올 그림을 맞혀보세요.

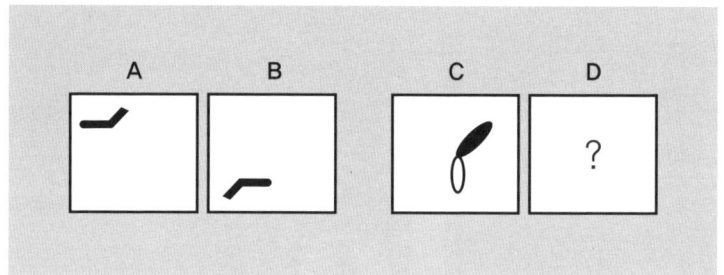

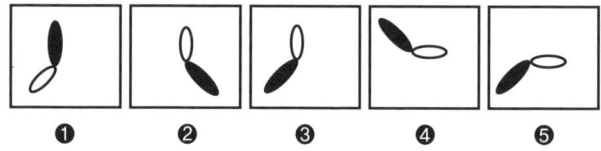

Day 002   다음 다섯 개의 그림들 중 나머지 네 개의 그림과 다른 규칙을 보이는 그림을 골라보세요.

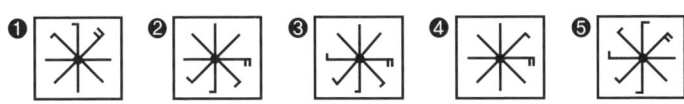

Day 003   다음 다섯 개의 그림들 중 나머지 네 개의 그림과 다른 규칙을 보이는 그림을 골라보세요.

Day 004   다음의 〈보기〉의 종이를 접어 상자를 접을 때 완성된 상자와 비슷한 것은 무엇일까요? 단, 정답은 여러 개일 수 있습니다.

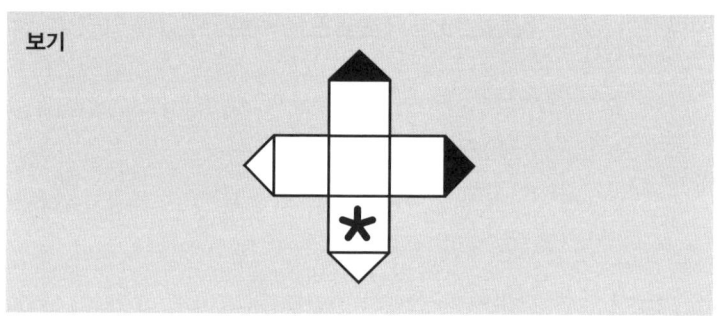

 ❶  ❷  ❸  ❹

Day **005**   다음 미로를 벗어나보세요.

Day 001 ❸
A, B 그림 변화를 토대로 그림이 180°로 회전하고 있는 것을 알 수 있습니다.

Day 002 ❶
❶번을 제외한 다른 그림들은 모두 직선의 꺾임이 오른쪽을 향하고 있고 시계 방향으로 움직이고 있습니다.

Day 003 ❶
그림 ❶은 검은 꽃잎 두 개의 오른쪽에 흰 꽃잎 두 개가 나온 다음 다시 검은 꽃잎이 한 개 나오지만 나머지 그림들은 검은 꽃잎 두 개의 오른쪽에 흰 꽃잎이 세 개가 나온 다음 다시 검은 꽃잎이 한 개 나옵니다. 즉, 그림 ❶을 제외한 나머지 그림들은 한 그림이 오른쪽으로 계속 돌아가고 있는 것임을 알 수 있습니다.

Day 004 ❷, ❸
〈보기〉 모양의 종이를 접으면 큐브가 형성됩니다. 가장 가운데 있는 면이 바닥을 이루고 그 면을 둘러싼 별무늬가 있는 면과 아무 무늬가 없는 면 세 개가 기둥이 됩니다. 마지막으로 검은 삼각형 두 개와 흰 삼각형 두 개가 접히면서 만나 ◣와 같은 모양을 이룹니다. 따라서 그림 ❶처럼 서로 다른 두 면에 검은 무늬가 나오거나, 그림 ❹와 같이 면 전체가 검게 나오는 경우는 없습니다. 그러므로 정답은 ❷, ❸입니다.

Day 005

Day 001   그림 A, B를 보고 D에 올 그림을 맞혀보세요.

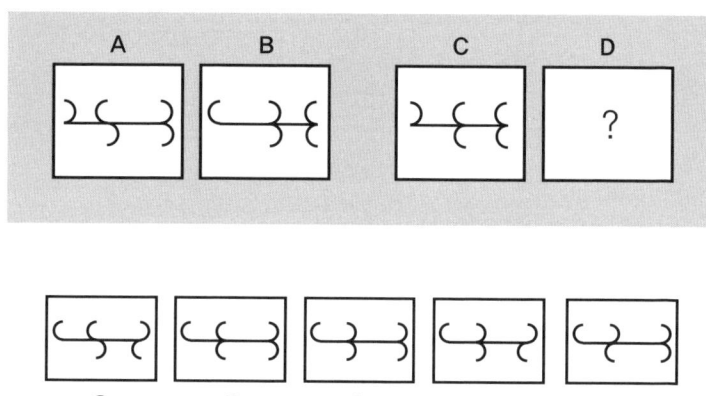

Day 002 다음 다섯 개의 그림들 중 나머지 네 개의 그림과 다른 규칙을 보이는 그림을 골라보세요.

Day 003 다음 다섯 개의 그림들 중 나머지 네 개의 그림과 다른 규칙을 보이는 그림을 골라보세요.

Day 004 다음의 〈보기〉의 종이를 접어 상자를 접을 때 완성된 상자와 비슷한 것은 무엇일까요? 단, 정답은 여러 개일 수 있습니다.

❶

❷

❸

❹

Day **005**   다음 미로를 벗어나보세요.

Day 001 ❺
A, B의 그림을 통해 처음과 마지막의 둥근 모양은 정반대로 바뀌고 있고, 중간에 있는 둥근 모양은 비틀어지고 있는 것을 알 수 있습니다.

Day 002 ❹
❹번을 제외하고 그림들은 ❶에서 ❺로 갈수록 시계 방향으로 45도씩 돌아가고 있습니다.

Day 003 ❷
그림 ❷를 제외하고 나머지 그림들은 바깥쪽을 바라보는 반원 모양이 두 개입니다.

Day 004 ❶, ❹

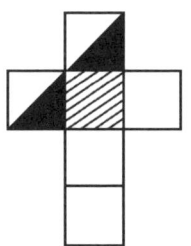

〈보기〉의 종이를 접었을 때, 빗금으로 표시한 부분이 바닥이 되고 이 부분을 이웃하고 있는 네 면이 기둥이 되며 〈보기〉 그림의 가장 꼬리 부분 면이 기둥을 덮어 큐브가 완성됩니다. 빗금쳐진 부분, 즉 바닥을 중심으로 기둥을 접어 세우면 검은 무늬는 두 면 다 바닥 (즉, 빈 면과) 붙어있어야 합니다. 그러므로 ❷, ❸ 그림은 정답이 될 수 없습니다.

Day 005

Day 001 그림 A, B를 보고 D에 올 그림을 맞혀보세요.

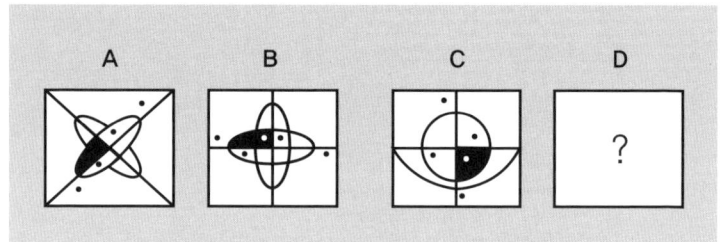

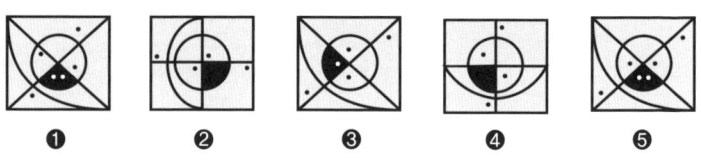

Day 002   다음 다섯 개의 그림들 중 나머지 네 개의 그림과 다른 규칙을 보이는 그림을 골라보세요.

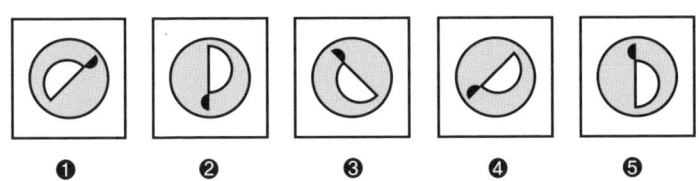

Day 003   다음 다섯 개의 그림들 중 나머지 네 개의 그림과 다른 규칙을 보이는 그림을 골라보세요.

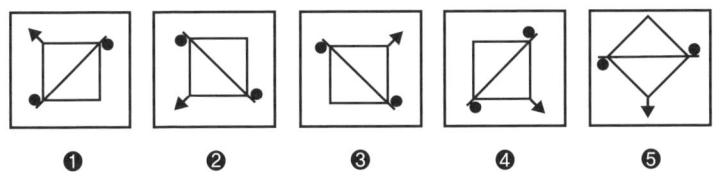

Day 004   다음의 〈보기〉의 종이를 접어 상자를 접을 때 완성된 상자의 모양은 무엇일까요? 단, 정답은 여러 개일 수 있습니다.

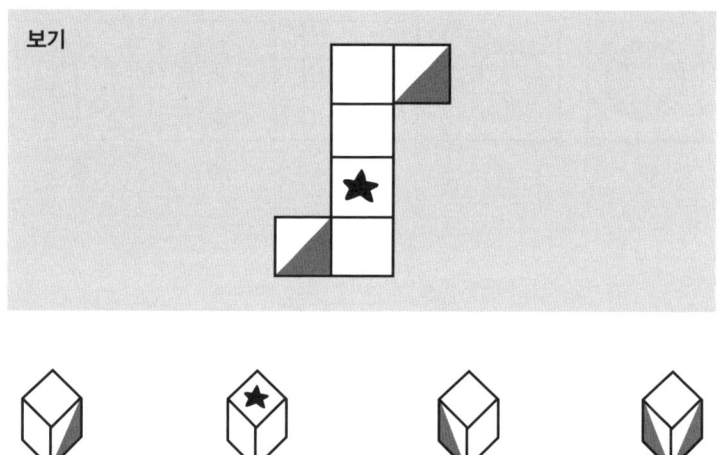

Day 005   다음 미로를 벗어나보세요.

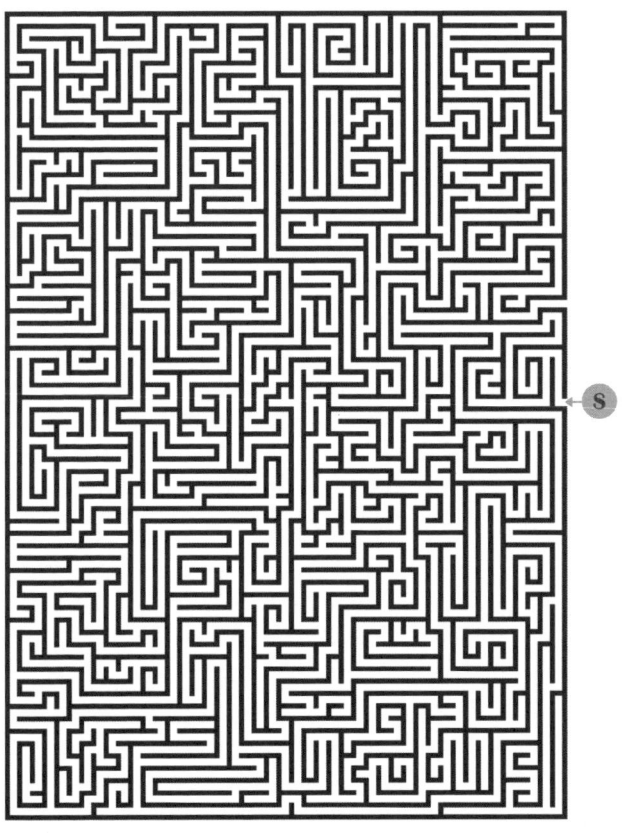

Day 001 ❺
그림은 시계 방향으로 45°회전하고, 그림 밖에 있는 점은 옆 칸으로 옮겨집니다. 또한 그림 안에 있는 검은 면에 없었던 흰 점이 하나 생깁니다. 여기서 주의할 것은, 그림 안에 있는 검은 점은 칸이 바뀌지 않는다는 것입니다. 이 규칙을 모두 적용한 것이 ❺번입니다.

Day 002 ❺
그림 ❺를 제외한 다른 그림들은 한 그림이 돌아가고 있다는 것을 알 수 있습니다. ❺는 다른 그림들의 모양을 180도 돌린 모습을 하고 있습니다.

Day 003 ❶
그림 ❶을 제외한 다른 그림들은 모두 같은 그림이 회전하고 있는 모습입니다. 모르시겠다구요? 화살표 양쪽에 있는 작은 동그라미의 모양을 유심히 살펴보세요.

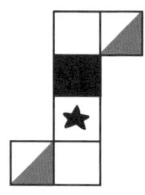

Day 004 ❶, ❸
〈보기〉의 종이를 접으면 검은색으로 표시한 면이 바닥이 되고, 그 면을 중심으로 이웃하고 있는 두 면과 회색 삼각무늬가 있는 두 면이 기둥이 됩니다. 그리고 이 회색 삼각무늬가 있는 두 면이 서로 마주보고 흰 면과 별표가 그려진 면이 마주보는 모양이 됨을 알 수 있습니다. 그러므로 그림 ❷와 같이 별표가 그려진 면과 이웃하는 두 면이 모두 흰 면일 수 없고, 그림 ❹와 같이 회색 삼각무늬가 있는 면이 서로 이웃할 수 없습니다. 그러므로 답은 ❶, ❸입니다.

Day 005

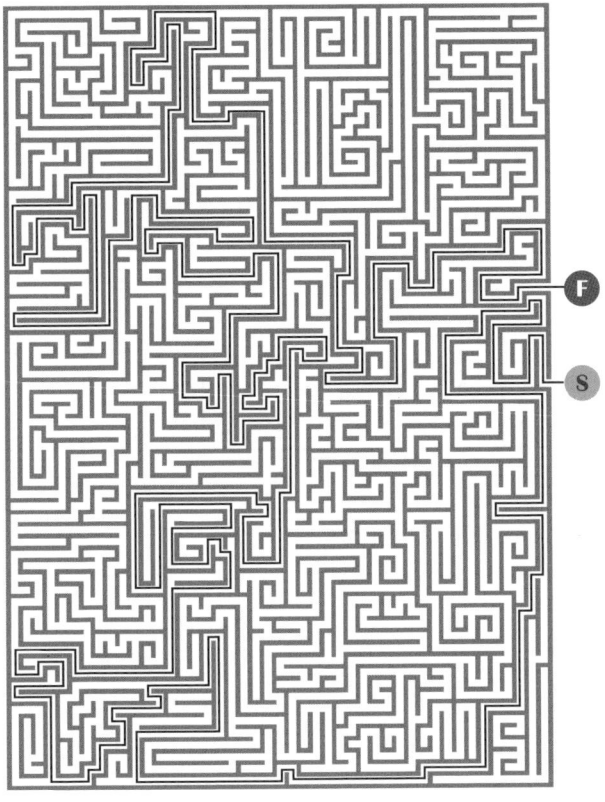

Day 001   그림 A, B를 보고 D에 올 그림을 맞혀보세요.

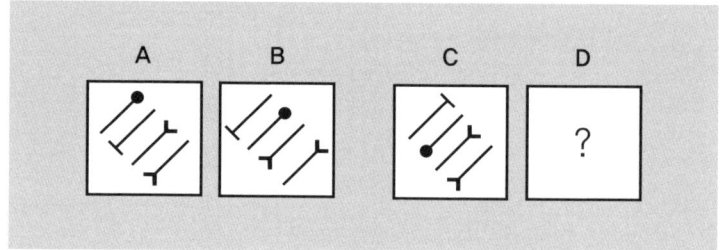

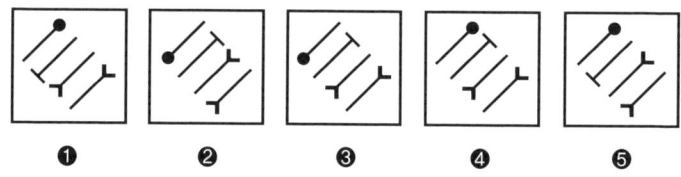

Day 002 다음 다섯 개의 그림들 중 나머지 네 개의 그림과 다른 규칙을 보이는 그림을 골라보세요.

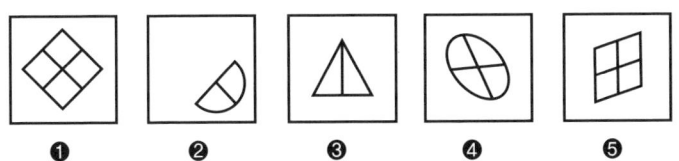

Day 003 다음 그림을 큐브 모양으로 접었을 때, 점 세 개가 찍힌 면을 마주보는 면에 찍힌 점은 몇 개일까요?

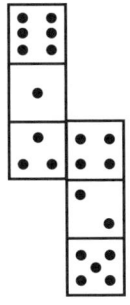

Day 004   다음 다섯 개의 그림들 중 나머지 네 개의 그림과 다른 규칙을 보이는 그림을 골라보세요.

Day 005   다음 미로를 벗어나보세요.

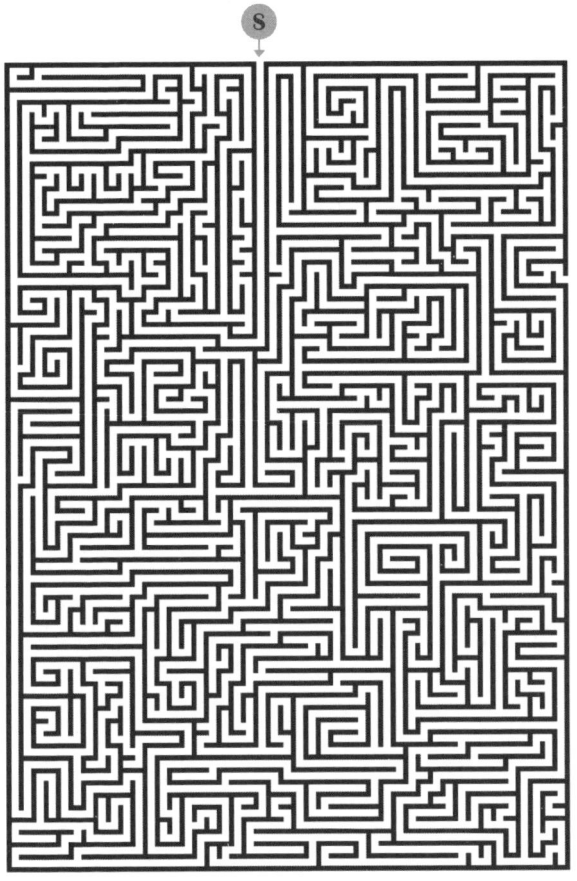

해설

Day 001 ❸
네 개의 선 무늬가 둘씩 서로 위치가 바뀌고 있음을 알 수 있습니다.

Day 002 ❹
그림 ❹를 제외한 다른 그림들은 모두 나눠진 면들의 크기가 같지만 ❹는 그렇지 않습니다.

Day 003 여섯 개
먼저 점 세 개가 찍힌 면과 이웃한 점 네 개가 찍힌 면 사이를 접습니다. 점 세 개가 찍힌 면을 바닥에 놓으면 점 네 개가 찍힌 면과 이웃한 면들(점 두 개 찍힌 면, 점 다섯 개 찍힌 면)은 기둥이 됩니다. 점 세 개와 이웃한 점 한 개 찍힌 면이 마지막 기둥이 되고 점 여섯 개가 찍힌 면이 마지막 지붕을 덮게 됩니다. 그러므로 점 세 개 찍힌 면을 마주보는 면에 찍힌 점은 여섯 개입니다.

Day 004 ❷
❷번 그림을 제외한 나머지 그림들은 모두 M자에 붙은 직선이 오른쪽에 위치해 있습니다.

Day 005

Day 001   그림 A, B를 보고 D에 올 그림을 맞혀보세요.

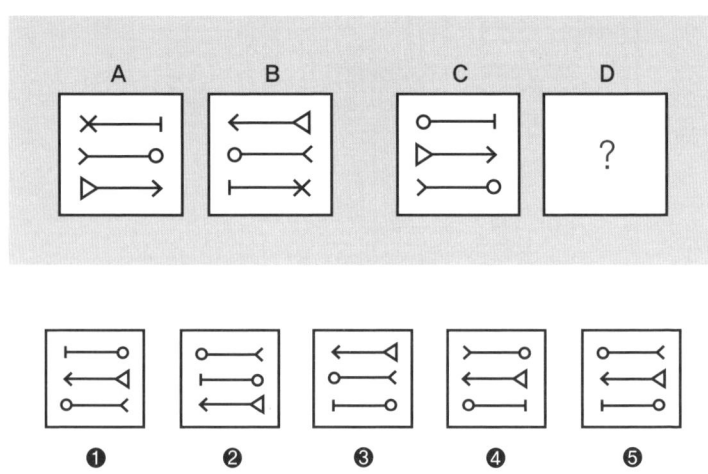

Day 002   다음 다섯 개의 그림들 중 나머지 네 개의 그림과 다른 규칙을 보이는 그림을 골라보세요.

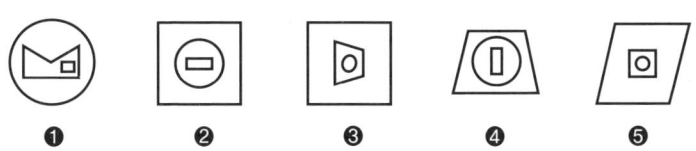

Day 003   다음 다섯 개의 그림들 중 나머지 네 개의 그림과 다른 규칙을 보이는 그림을 골라보세요.

Day 004 다음의 〈보기〉의 종이를 접어 상자를 접을 때 완성된 상자의 모양은 무엇일까요? 단, 정답은 여러 개일 수 있습니다.

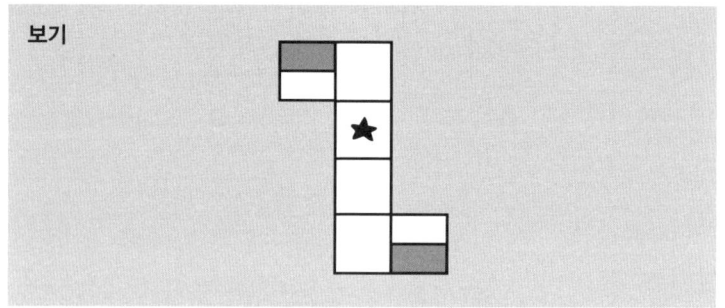

❶

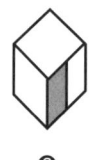

❷

❸

❺

Day **005**   다음 미로를 벗어나보세요.

Day 001 ❺
모든 그림이 좌우로 뒤집히고, 상부와 하부 화살표가 서로 바뀝니다.

Day 002 ❶
❶번을 제외한 나머지 그림들은 동그라미가 그림의 중간 또는 안쪽에 위치하고 있습니다.

Day 003 ❹
삼각형에 있는 직선이 ❹번 그림만 긴 기둥의 아래를 향하고 있습니다.

Day 004 ❶, ❷, ❸, ❹
별모양이 찍힌 면을 바닥으로 삼고 〈보기〉의 종이를 접어보면, 별모양이 찍힌 면과 이웃하는 두 흰 면은 서로 마주보는 기둥이 됩니다. 회색 무늬가 있는 두 면 또한 마주보는 기둥이 됩니다. 그러므로 보기의 네 상자 모두 〈보기〉를 접음으로써 형성되는 모양이 맞습니다.

Day 005

Day 001　　　그림 A, B를 보고 D에 올 그림을 맞혀보세요.

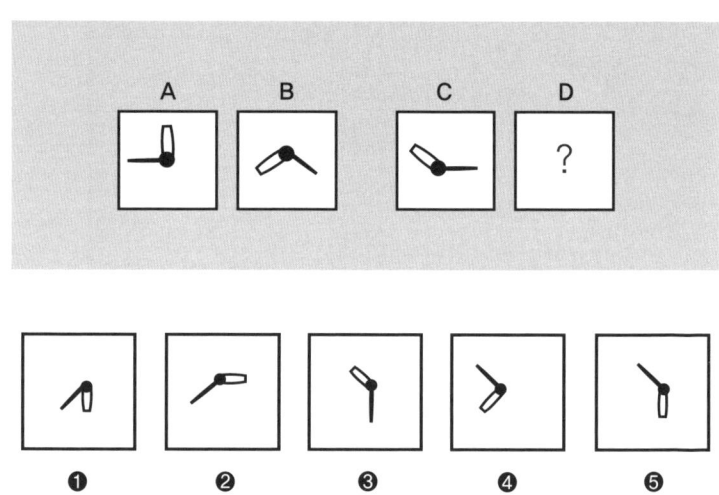

Day 002   다음 다섯 개의 그림들 중 나머지 네 개의 그림과 다른 규칙을 보이는 그림을 골라보세요.

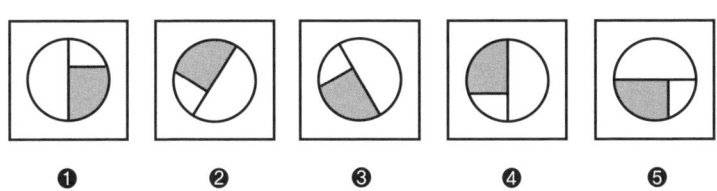

Day 003   다음 다섯 개의 그림들 중 나머지 네 개의 그림과 다른 규칙을 보이는 그림을 골라보세요.

Day 004 다음의 〈보기〉의 종이를 접어 상자를 접을 때 완성된 상자의 모양은 무엇일까요? 단, 정답은 여러 개일 수 있습니다.

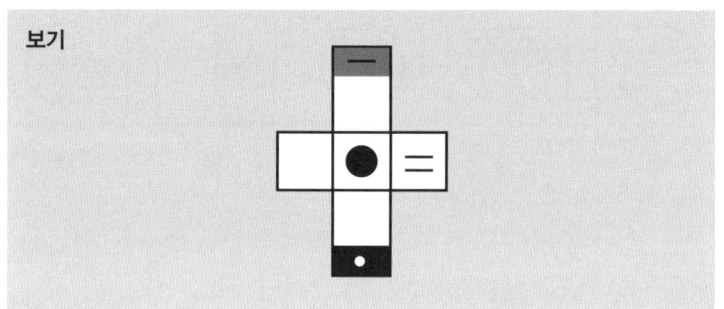

❶

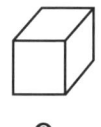
❷

❸

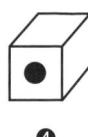
❹

Day 005   다음 미로를 벗어나보세요.

해설

Day 001 ❺
시계 반대 방향으로 135°회전하고 있음을 알 수 있습니다.

Day 002 ❸
그림 ❸번을 제외한 다른 그림은 각도만 다를 뿐 같은 그림이지만 그림 ❸번은 모양이 다릅니다.

Day 003 ❹
다른 그림들과는 달리 그림 ❹의 직선 세 개는 모두 원을 곧게 가로지르고 있습니다.

Day 004 ❶, ❸, ❹
검은 동그라미 무늬가 있는 면을 바닥으로 잡고 〈보기〉의 종이를 접어보면, 선 두 개가 있는 면과 아무 무늬도 없는 면 세 개가 네 면의 기둥이 됩니다. 마지막으로 선 한 개와 점 한 개가 있는 면이 만나 한 면을 이루게 됩니다. 그림 ❷와 같이 아무 무늬도 없는 면이 마주보는 것이 아니라 위, 아래로 이웃할 수는 없습니다. 따라서 정답은 ❶, ❸, ❹입니다.

Day 005

Day 001 그림 A, B를 보고 D에 올 그림을 맞혀보세요.

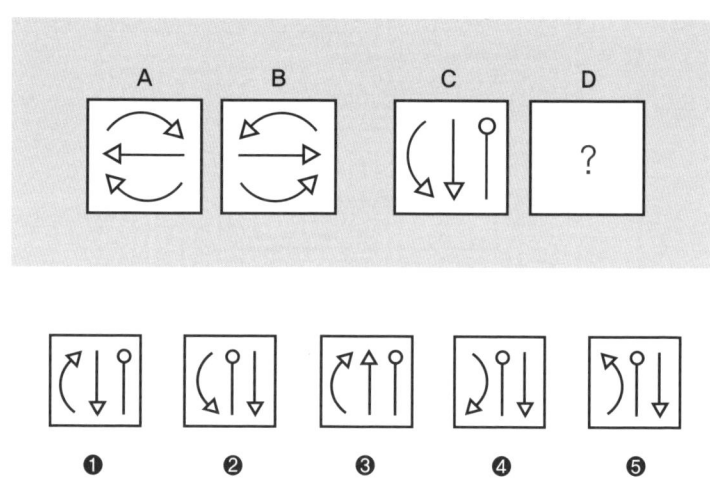

Day 002 다음 다섯 개의 그림들 중 나머지 네 개의 그림과 다른 규칙을 보이는 그림을 골라보세요.

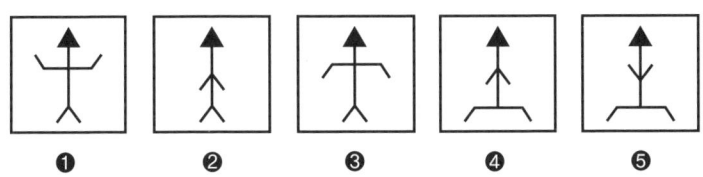

Day 003 다음 다섯 개의 그림들 중 나머지 네 개의 그림과 다른 규칙을 보이는 그림을 골라보세요.

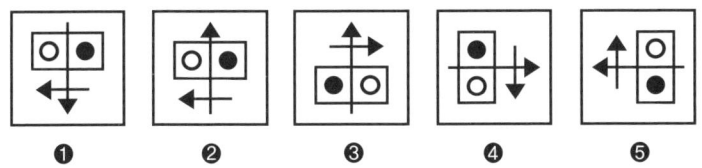

Day 004   다음의 〈보기〉의 종이를 접어 상자를 접을 때 완성된 상자의 모양은 무엇일까요? 단, 정답은 여러 개일 수 있습니다.

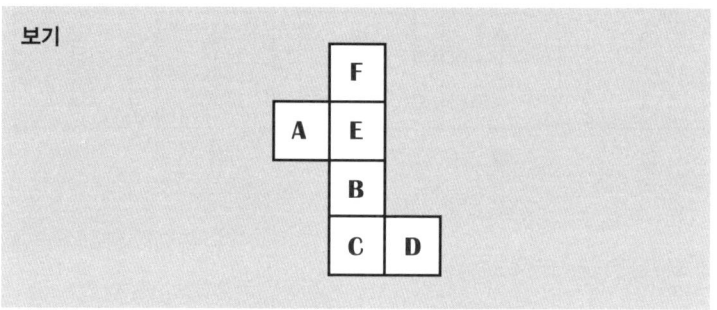

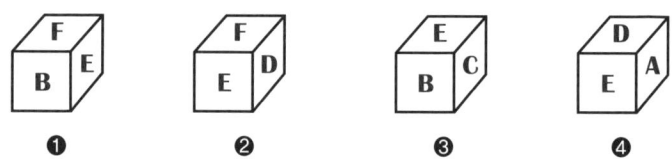

Day **005**   다음 미로를 벗어나보세요.

해설

Day 001 ❸
화살표 방향이 반대로 바뀌고 있습니다. 화살표만 바뀌는 것이지 동그라미 직선이 바뀌는 것을 의미하는 그림은 A, B에 없었다는 점 주의하세요.

Day 002 ❷
그림 ❷만 삿갓 모양의 선이 두 개 나옵니다.

Day 003 ❷
그림 ❷를 제외한 나머지 그림들은 모두 짧은 화살표가 긴 화살표의 머리쪽에 자리하고 있습니다. 그림 ❷만 사각형 아래로 화살표가 자리하고 있습니다.

Day 004 ❷
〈보기〉의 종이를 접어보면 'F'는 'B', 'E'는 'C'를 마주보게 됩니다. ❶번 상자를 보면 'B'가 'F'에 이웃하고 있고, ❸번 상자는 'C'와 'B', 그리고 'E'가 이웃하고 있으므로 정답이 될 수 없습니다. 또한 ❹번 상자는 'A'와 'D'가 이웃하고 있는데, 이 둘은 마주보고 있어야 함으로 이 또한 정답이 될 수 없습니다. 따라서 오직 ❷번 상자만 정답이 될 수 있습니다.

Day 005

Day 001 그림 A, B를 보고 D에 올 그림을 맞혀보세요.

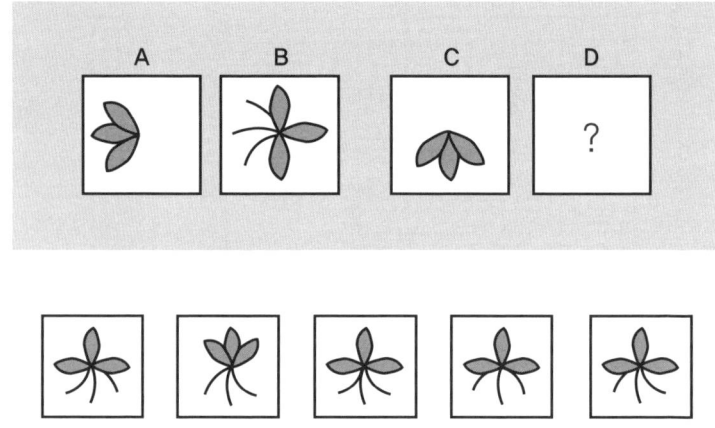

Day 002   다음 다섯 개의 그림들 중 나머지 네 개의 그림과 다른 규칙을 보이는 그림을 골라보세요.

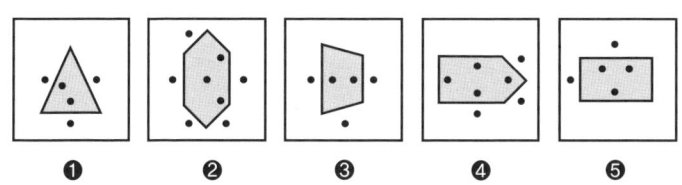

❶   ❷   ❸   ❹   ❺

Day 003   다음 다섯 개의 그림들 중 나머지 네 개의 그림과 다른 규칙을 보이는 그림을 골라보세요.

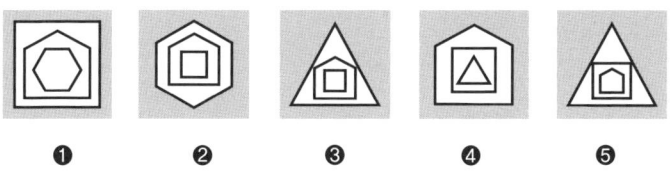

❶   ❷   ❸   ❹   ❺

Day 004 다음의 〈보기〉의 종이를 접어 상자를 접을 때 완성된 상자의 모양은 무엇일까요? 단, 정답은 여러 개일 수 있습니다.

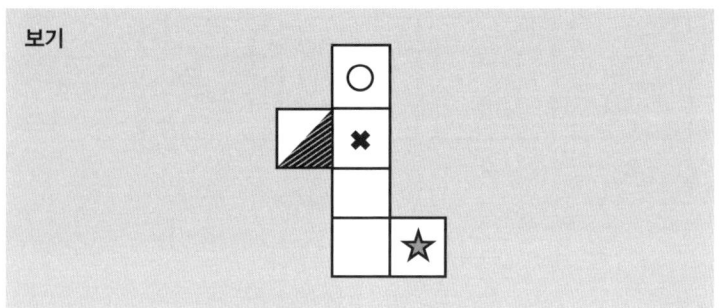

❶

❷

❸

❹

Day **005**   다음 미로를 벗어나보세요.

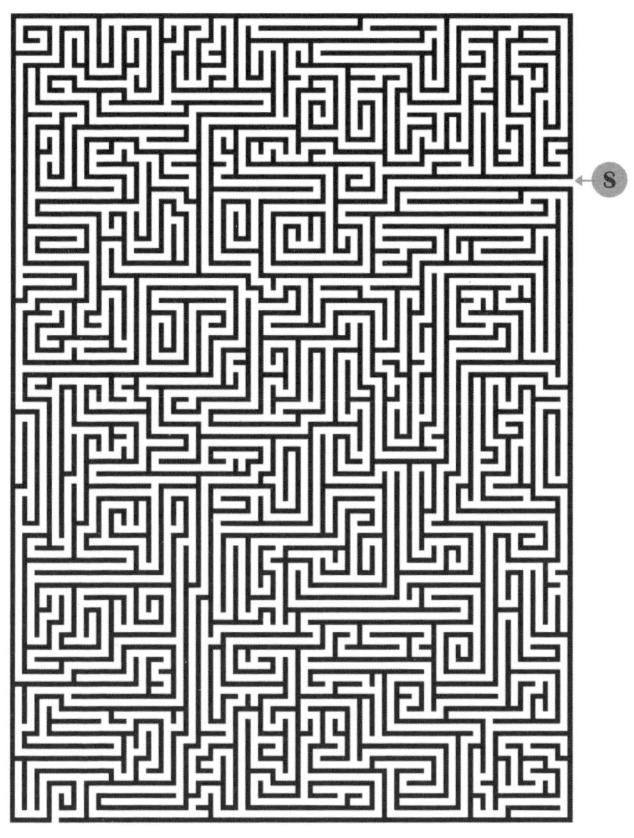

Day 001 ❺
잎 모양은 180°로 바뀌고 세 개의 곡선이 추가되는데 세 곡선의 방향은 모두 우측방향으로 휘어져야 합니다.

Day 002 ❷
❷번 그림을 제외한 나머지 그림들은 도형 안에 있는 점의 개수와 도형 밖에 있는 점의 차가 1이 됩니다.

Day 003 ❸
그림 ❶의 가장 안쪽에 있는 도형 육각형이 가장 바깥쪽에 오고, 그림 ❸의 가장 안쪽에 있는 오각형이 그림 ❹의 가장 바깥쪽에 오고, 그림 ❹의 가장 안쪽에 있던 도형 삼각형이 그림 ❺의 가장 바깥쪽에 오는 규칙을 볼 수 있습니다. 그림 ❸만 그 규칙에서 벗어나 있습니다.

Day 004 ❷
동그라미 모양이 있는 면은 두 개의 흰 면 중 하나와 마주하고 있고, 다른 흰 면은 '✘'모양이 있는 면과 마주합니다. 또한 빗금 무늬가 있는 면은 별 무늬가 있는 면과 마주보게 됩니다. 그림 ❶과 ❹처럼 무늬가 이웃할 수 없습니다. 또한 빗금무늬가 있는 부분을 보면 빗금이 있는 부분이 '✘'모양의 면과 맞닿아 있는 것을 알 수 있습니다. 따라서 그림 ❸도 정답이 될 수 없습니다.

Day 005

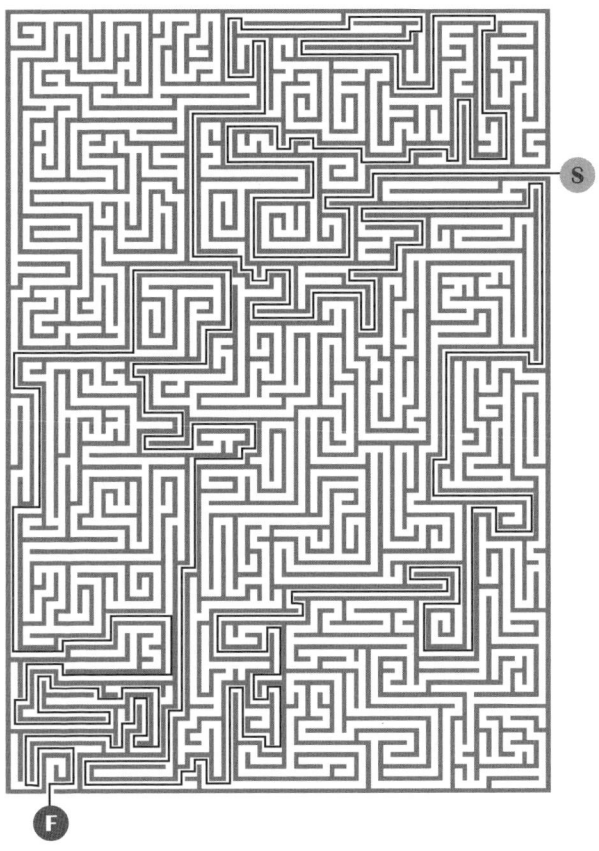

Day 001 그림 A, B를 보고 D에 올 그림을 맞혀보세요.

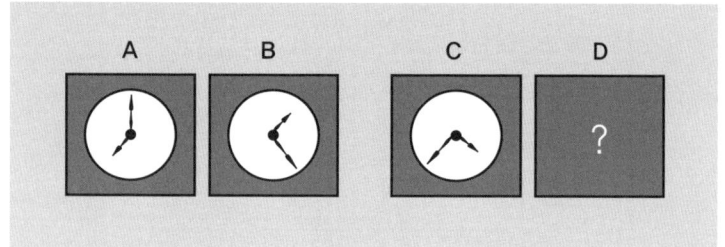

Day 002   다음 다섯 개의 그림들 중 나머지 네 개의 그림과 다른 규칙을 보이는 그림을 골라보세요.

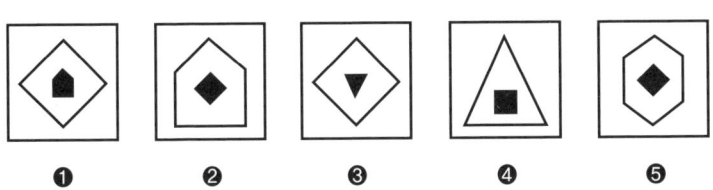

❶　　　　❷　　　　❸　　　　❹　　　　❺

Day 003   다음 다섯 개의 그림들 중 나머지 네 개의 그림과 다른 규칙을 보이는 그림을 골라보세요.

❶　　　　❷　　　　❸　　　　❹　　　　❺

Day 004

다음의 〈보기〉의 종이를 접어 상자를 접을 때 완성된 상자의 모양은 무엇일까요? 단, 정답은 여러 개일 수 있습니다.

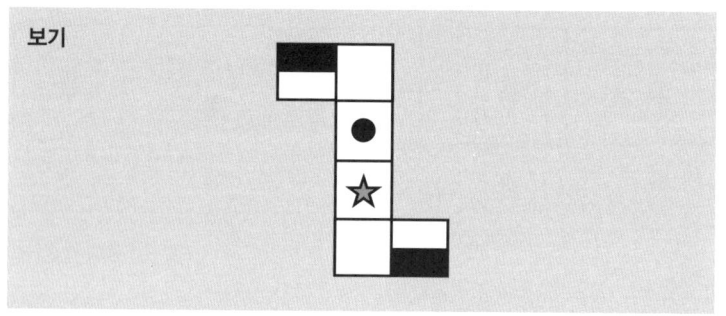

❶

❷

❸

❹

Day 005   다음 미로를 벗어나보세요.

Day 001 ❸
분침은 시계 방향으로 135°, 시침은 시계 방향으로 180° 회전하고 있습니다.

Day 002 ❺
❺번 그림을 제외하고 다른 그림들은 바깥쪽 도형의 변 개수와 안쪽 도형의 변 개수를 서로 빼면 1이 됩니다.

Day 003 ❷
❷번 그림을 제외한 그림들은 모두 같은 그림이 각도만 다른 모습입니다.

Day 004 ❶
검정 동그라미가 있는 면을 바닥으로 하고 〈보기〉의 종이를 접으면, 회색 별 모양의 면과 흰 면이 마주보고 검정무늬가 있는 면끼리 서로 마주보게 됩니다. 그러면 동그라미가 있는 면이 또 무늬 없는 흰 면과 마주보게 되지요. 검정무늬가 있는 면은 서로 이웃할 수 없으므로 상자❷와 ❸은 정답이 될 수 없습니다. 또한 〈보기〉를 보면 회색 별이 있는 면과 검정무늬가 있는 면이 이웃할 때 검정 면이 있는 부분 전체가 회색 별이 있는 면과 만나는 경우는 없으므로 상자❹도 정답이 될 수 없습니다.

Day 005

Day 001   그림 A, B를 보고 D에 올 그림을 맞혀보세요.

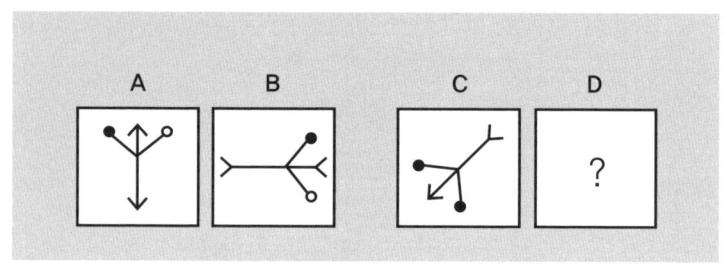

❶   ❷   ❸   ❹   ❺

Day 002   다음 다섯 개의 그림들 중 나머지 네 개의 그림과 다른 규칙을 보이는 그림을 골라보세요.

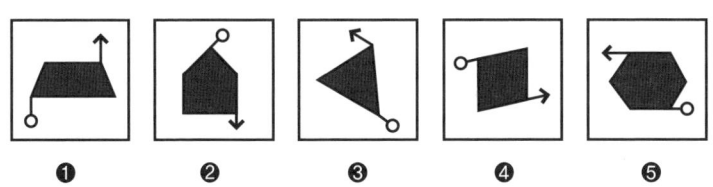

Day 003   다음 다섯 개의 그림들 중 나머지 네 개의 그림과 다른 규칙을 보이는 그림을 골라보세요.

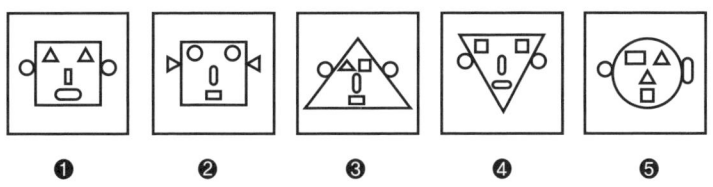

Day 004

다음의 〈보기〉의 종이를 접어 상자를 접을 때 완성된 상자의 모양은 무엇일까요? 단, 정답은 여러 개일 수 있습니다.

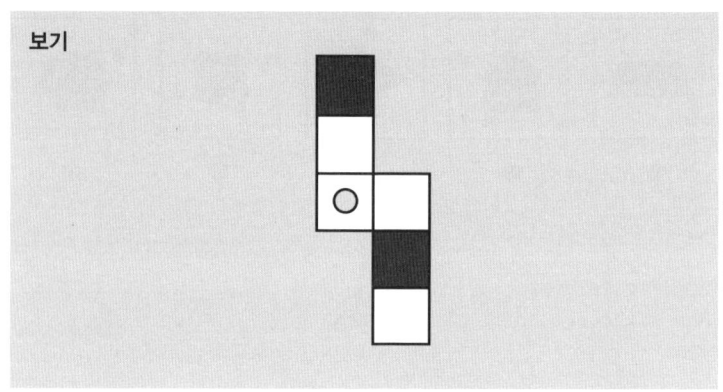

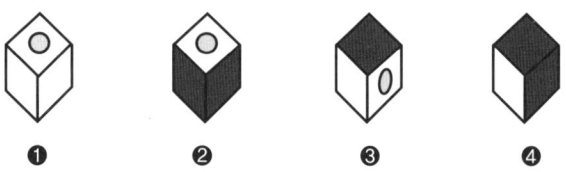

Day 005 다음 미로를 벗어나보세요.

Day 001 ❺
전체그림은 시계 방향으로 90°회전하고 화살표의 모양이 뒤집힙니다.

Day 002 ❷
❷번 그림을 제외한 그림들은 도형에서 빠져나온 동그라미 선과 화살표는 서로 정반대 방향에 있고 서로 평행합니다.

Day 003 ❹
그림들은 두 개의 원을 포함하고 있으며, 두 개의 삼각형, 하나의 직사각형, 하나의 사각형, 그리고 하나의 타원이 있습니다. 그림 ❹에만 두 개의 사각형이 있습니다.

Day 004 ❶, ❸, ❹
동그라미가 있는 면은 전체가 회색인 면과 마주하고 있습니다. 따라서 상자 ❷와 같이 전체가 회색인 면이 동그라미가 있는 면과 두 면 모두 이웃할 수 없습니다.

Day 005

Day 001   그림 A, B를 보고 D에 올 그림을 맞혀보세요.

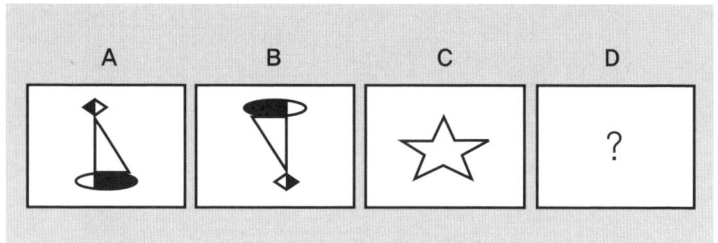

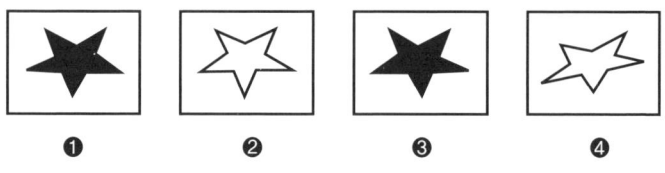

Day 002 다음은 하나의 주사위를 여러 각도에서 본 것입니다. 네 개의 점이 있는 면과 마주보는 면에는 몇 개의 점이 있을까요?

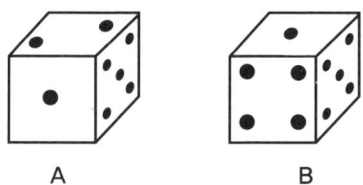

Day 003 다음 다섯 개의 그림들 중 나머지 네 개의 그림과 다른 규칙을 보이는 그림을 골라보세요.

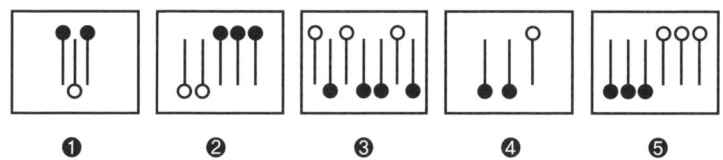

Day **004**   다음의 〈보기〉의 종이를 접어 상자를 접을 때 완성된 상자의 모양은 무엇일까요? 단, 정답은 여러 개일 수 있습니다.

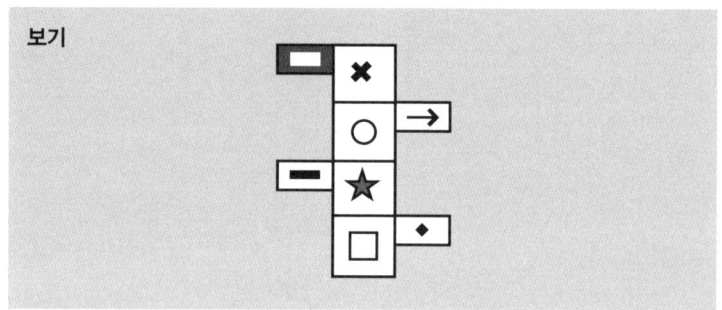

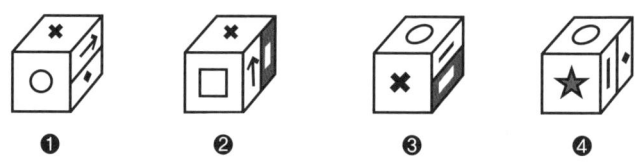

Day **005**   다음 미로를 벗어나보세요.

Day 001 ❷
그림이 상하좌우 반전됩니다.

Day 002 2개
주사위 B는 주사위 A를 위쪽으로 한 번 돌린 모양임을 알 수 있습니다. 따라서 점 1개가 있는 면의 양쪽에 점 2개, 점 4개 면이 있음을 알 수 있지요. 따라서 정답은 2개입니다.

Day 003 ❺
그림 ❺만 검은 동그라미와 흰 동그라미의 개수가 같습니다.

Day 004 ❶, ❸
〈보기〉의 종이를 접으면 '✖'모양 면이 회색 별 모양 면과 마주보게 되고, 동그라미 모양 면과 정사각형 모양 면이 마주보게 됩니다. 또 검정 다이아몬드 모양과 화살표가, 흰 직사각형과 검은 직선이 만나게 됩니다. 따라서 ❷, ❹는 정답이 될 수 없습니다.

Day 005

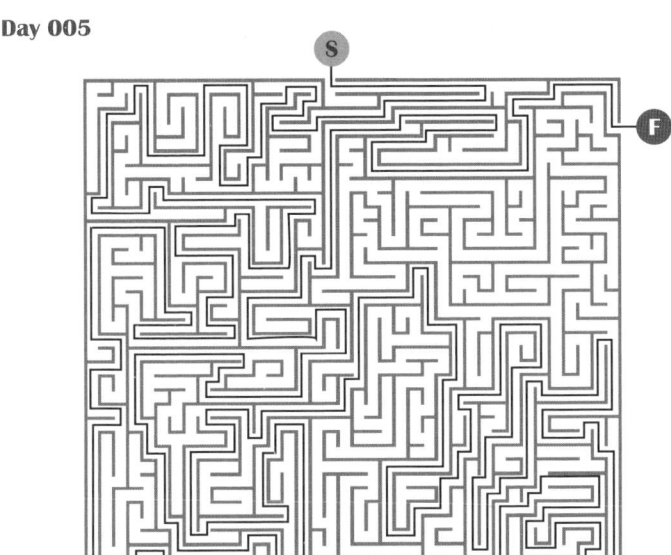

Day 001   그림 A, B를 보고 D에 올 그림을 맞혀보세요.

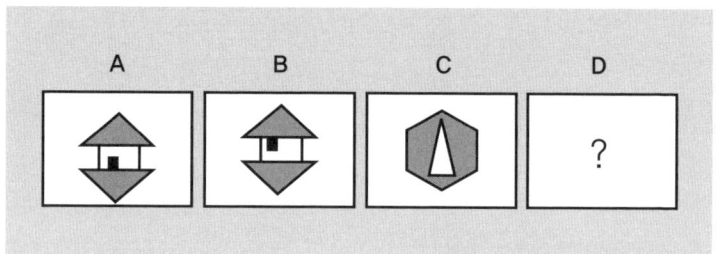

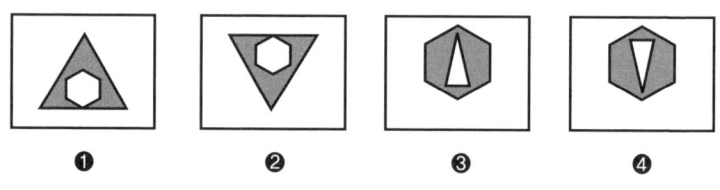

Day 002   다음 주사위를 접었을 때, 다섯 개의 점과 마주보는 면에 있는 점의 개수를 맞혀보세요.

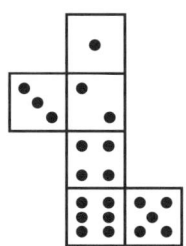

Day 003   다음 다섯 개의 그림들 중 나머지 네 개의 그림과 다른 규칙을 보이는 그림을 골라보세요.

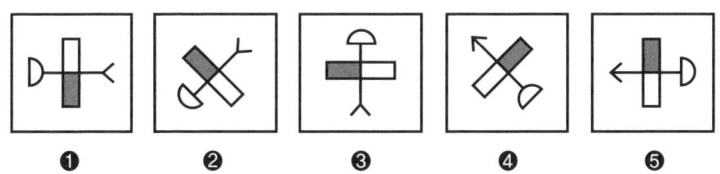

❶　　　　❷　　　　❸　　　　❹　　　　❺

Day 004   다음의 〈보기〉의 종이를 접어 상자를 접을 때 완성된 상자의 모양은 무엇일까요? 단, 정답은 여러 개일 수 있습니다.

❶

❷

❸

❹

Day 005   다음 미로를 벗어나보세요.

Day 001 ❹
상하로 반전되고 있음을 알 수 있습니다.

Day 002 세 개
주사위를 접으면 점 한 개와 네 개 면이 마주보고, 점 두 개와 점 여섯 개 면이 마주보게 됩니다. 따라서 점 다섯 개의 면과 마주보는 면의 점 개수는 세 개입니다.

Day 003 ❷
그림 ❷를 제외한 그림들은 그림을 똑바로 세웠을 때(반원이 위로 가게) 모두 왼쪽에 회색 네모가 위치합니다. 그림 ❷만 오른쪽에 회색 네모가 위치합니다.

Day 004 ❷
〈보기〉를 접으면 전체 빗금면과 빗금 삼각형 면과 마주보게 되고, 검은 별 모양이 있는 면과 흰 면이, 다른 두 흰 면이 서로 마주보게 됩니다. 따라서 ❶, ❸, ❹는 정답이 될 수 없습니다.

Day 005

Day 001 그림 A, B를 보고 D에 올 그림을 맞혀보세요.

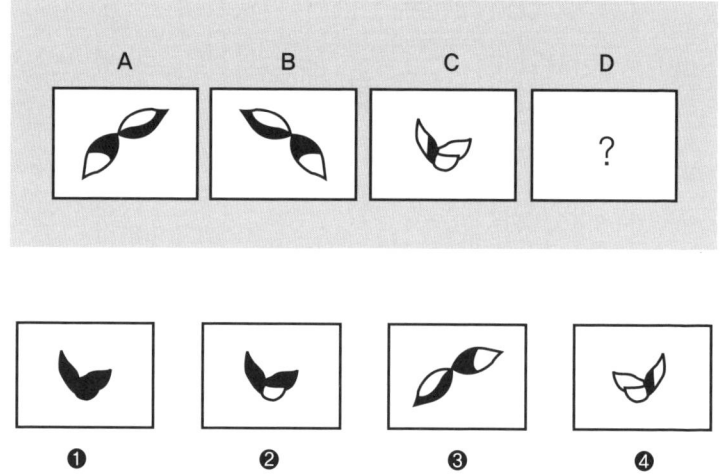

Day 002   다음은 하나의 주사위를 여러 각도에서 본 것입니다. 두 개의 점이 있는 면과 마주보는 면에 있는 점의 개수를 맞혀보세요.

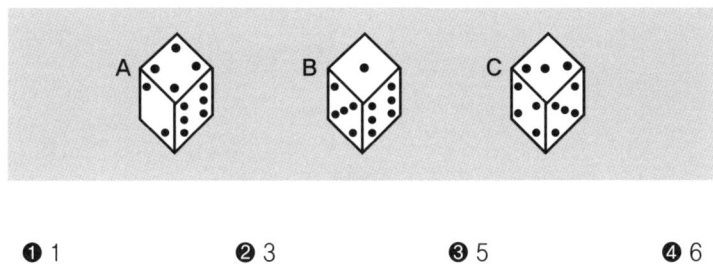

❶ 1   ❷ 3   ❸ 5   ❹ 6

Day 003   다음 다섯 개의 그림들 중 나머지 네 개의 그림과 다른 규칙을 보이는 그림을 골라보세요.

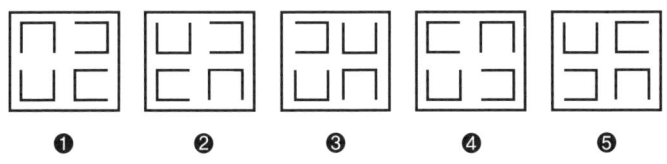

❶   ❷   ❸   ❹   ❺

Day 004   다음의 〈보기〉의 종이를 접어 상자를 접을 때 완성된 상자의 모양은 무엇일까요? 단, 정답은 여러 개일 수 있습니다.

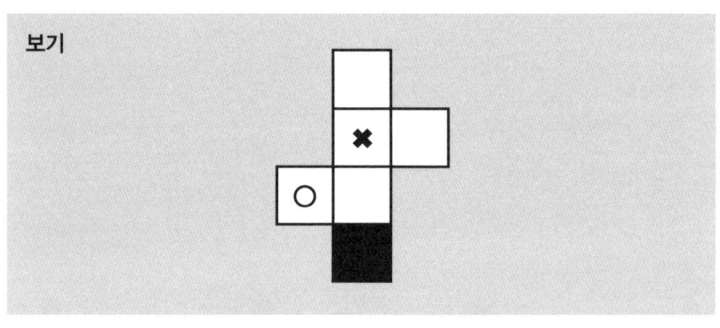

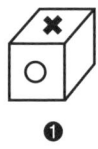
❶

❷

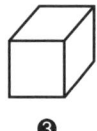
❸

❹

Day 005 다음 미로를 벗어나보세요.

Day 001 ❹
좌우로 반전하고 있음을 알 수 있습니다.

Day 002 ❸
A, B, C를 통해 점 5면이 점 1, 3, 4, 6면과 이웃함을 알 수 있습니다. 따라서 점 5면과 점 2면이 마주보고 있음을 알 수 있습니다.

Day 003 ❸
그림 ❸을 제외한 다른 그림들은 네모 속 네 개의 ㄷ자 모양의 방향이 같은 것이 하나도 없습니다.

Day 004 ❶
〈보기〉의 종이를 접으면 '✖'모양이 있는 면과 검정색 면, 동그라미가 있는 면과 흰 면, 그리고 나머지 두 흰 면이 서로 마주보고 있음을 알 수 있습니다. 따라서 정답이 될 수 있는 것은 ❶뿐입니다.

Day 005

Day 001 그림 A, B를 보고 D에 올 그림을 맞혀보세요.

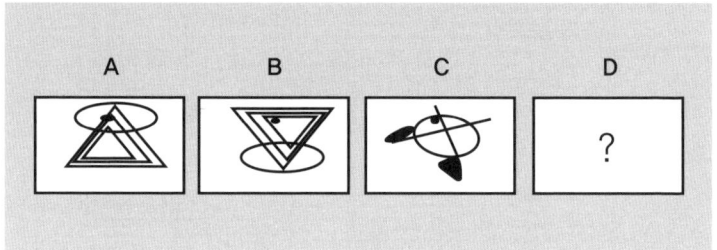

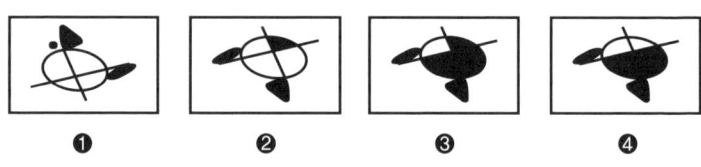

Day 002 다음 다섯 개의 그림들 중 나머지 네 개의 그림과 다른 규칙을 보이는 그림을 골라보세요.

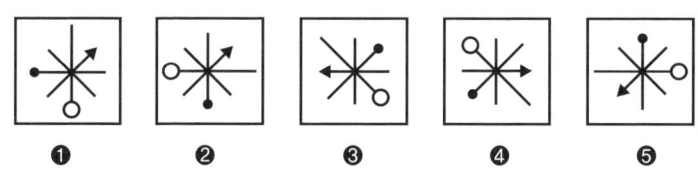

❶　　❷　　❸　　❹　　❺

Day 003 다음 다섯 개의 그림들 중 나머지 네 개의 그림과 다른 규칙을 보이는 그림을 골라보세요.

❶　　❷　　❸　　❹　　❺

Day 004 다음의 〈보기〉의 종이를 접어 상자를 접을 때 완성된 상자의 모양은 무엇일까요? 단, 정답은 여러 개일 수 있습니다.

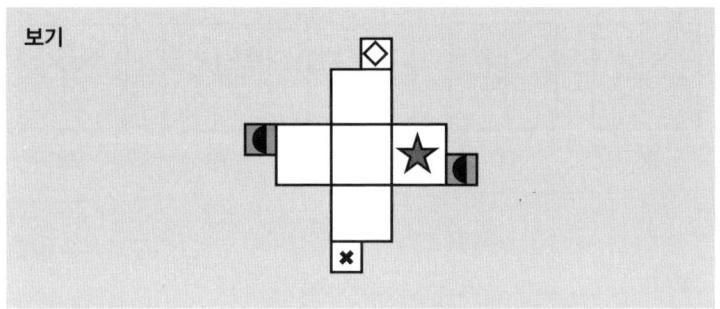

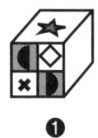
❶

❷

❸

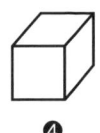
❹

Day **005**   다음 미로를 벗어나보세요.

해설

Day 001 ❶
그림이 뒤집히고 점의 위치가 바뀔 뿐 점이 커지거나 검은 면이 커지는 것이 아니므로 정답은 ❶입니다.

Day 002 ❶
그림 ❶을 제외한 다른 그림은 같은 그림이 회전하고 있는 모습이지만 그림 ❶은 모양이 다릅니다.

Day 003 ❺
그림 ❺만 별모양이 다른 짧은 선쪽으로 위치해 있습니다.

Day 004 ❷, ❸, ❹
〈보기〉의 종이를 접으면 한 면이 [그림] 이런 모양이 됩니다. 또한 별 무늬와 흰 면이, 두 개의 흰 면이 서로 마주보게 됩니다. 별 무늬와 맞닿은 부분은 검은 반달이 가로로 눕혀진 모양으로 맞닿고 있으므로 ❶번 상자는 만들어질 수 없습니다.

Day 005

Day 001   그림 A, B를 보고 D에 올 그림을 맞혀보세요.

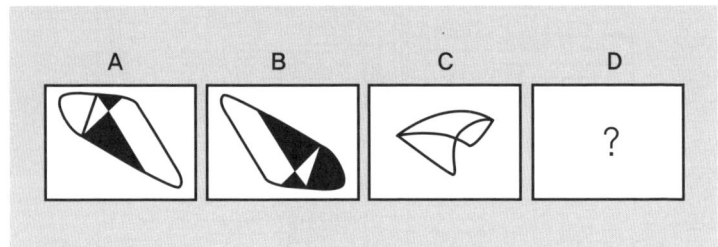

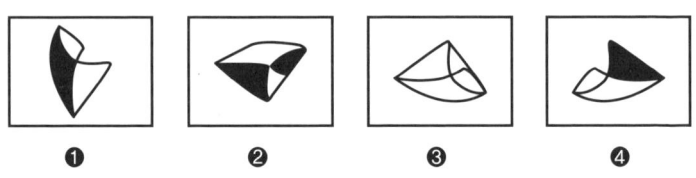

Day 002   다음 그림처럼 주사위의 각 면이 알파벳 A, B, C, D, E, F와 같은 글자로 표시되어 있습니다. 이 주사위를 세 번 굴렸을 때, 각각 다음과 같은 모양이 나왔습니다. A의 맞은편에 있는 알파벳은 무엇일까요?

❶ C   ❷ D   ❸ E   ❹ F

Day 003   다음 다섯 개의 그림들 중 나머지 네 개의 그림과 다른 규칙을 보이는 그림을 골라보세요

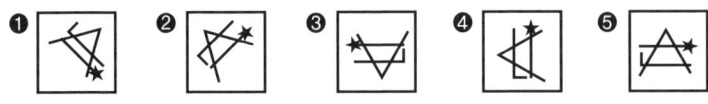

Day 004   다음의 〈보기〉의 종이를 접어 상자를 접을 때 완성된 상자의 모양은 무엇일까요? 단, 정답은 여러 개일 수 있습니다.

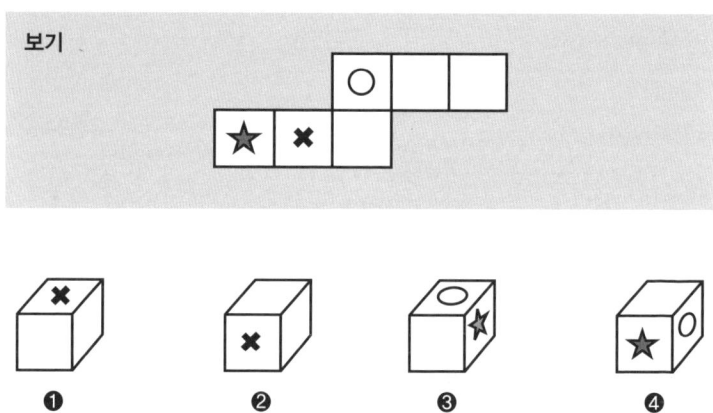

Day 005   다음 미로를 벗어나보세요.

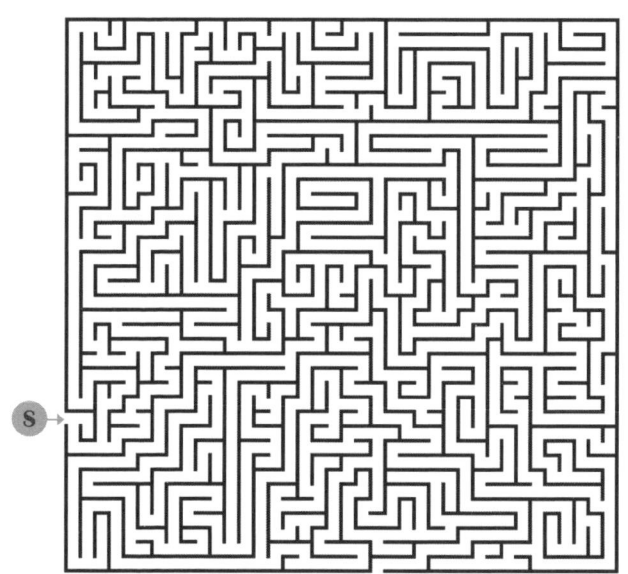

Day 001 ❹
상하좌우 반전과 함께 검은 면이 하나 늘어나고 있으므로 정답은 ❹입니다.

Day 002 ❸
A, B, C를 통해 E면은 B, C, D, F면과 이웃하고 있음을 알 수 있습니다. 따라서 E는 A와 마주보고 있음을 알 수 있습니다. 그러므로 정답은 E입니다.

Day 003 ❶
그림 ❶을 제외한 나머지 그림에는 선의 꺾인 부분이 별표 선 쪽을 바라보고 있습니다.

Day 004 ❶, ❷, ❸, ❹
〈보기〉의 종이를 접으면 별 모양이 있는 면과 흰 면이, '✘'무늬가 있는 면과 흰 면이, 동그라미 모양이 있는 면과 흰 면이 마주하는 모양이 됩니다. 서로 이웃하는 무늬를 살펴보면 모두 정답이 되는 것을 알 수 있습니다.

Day 005

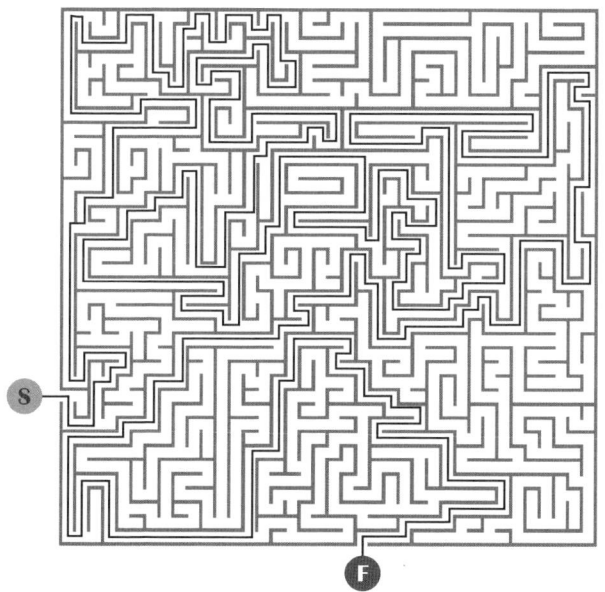

Day **001**   그림 A, B를 보고 D에 올 그림을 맞혀보세요.

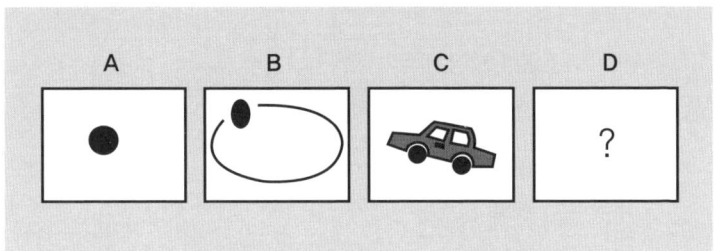

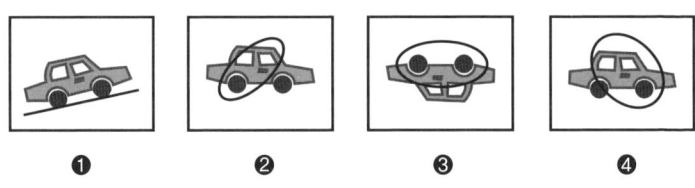

Day 002 다음은 주사위를 두 번 던져서 나온 모습입니다. 4가 있는 면과 마주보는 면의 숫자는 무엇일까요?

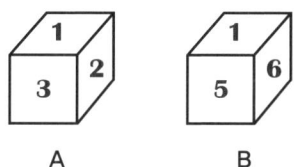

Day 003 주사위를 세 번 던져 나온 모습입니다. 이를 토대로 숫자2와 마주하고 있는 숫자를 알아 맞혀 보세요.

Day 004   다음의 〈보기〉의 종이를 접어 상자를 접을 때 완성된 상자의 모양은 무엇일까요? 단, 정답은 여러 개일 수 있습니다.

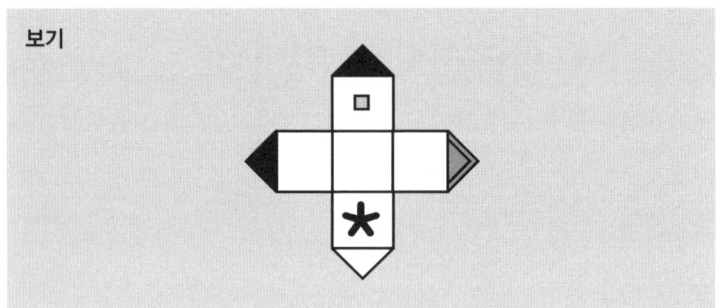

❶

❷

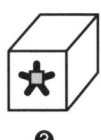
❸

❹

Day **005**   다음 미로를 벗어나보세요.

Day 001 ❶

앞의 그림을 보면 검은 동그라미를 선이 잇고 있음을 알 수 있습니다. 따라서 정답은 ❶입니다.

Day 002 1

그림 A와 B를 통해 1이 적힌 면이 2, 3, 5, 6과 이웃하고 있음을 알 수 있습니다. 그러므로 1과 마주보는 것은 4밖에 될 수 없습니다. 따라서 정답은 1입니다.

Day 003 6

A와 B를 통해 우리는 숫자 1, 4, 3, 5가 숫자 6에 인접해 있음을 알 수 있습니다. 따라서 6의 맞은편에는 2가 있음이 분명하므로 정답은 6입니다.

Day 004 ❶, ❷

〈보기〉의 종이를 접으면 작은 회색 사각형 모양과 별 모양이 마주보게 되고, 두 흰 면이 마주보게 됩니다. 그리고 두 개의 검은 세모와 두 개의 선으로 그려진 세모가 한 면에 모이게 됩니다. 따라서 ❹는 정답이 될 수 없고, ❸ 또한 그려진 그림의 모양이 다르므로 정답이 될 수 없습니다.

Day 005

Day 001 그림 A, B를 보고 D에 올 그림을 맞혀보세요.

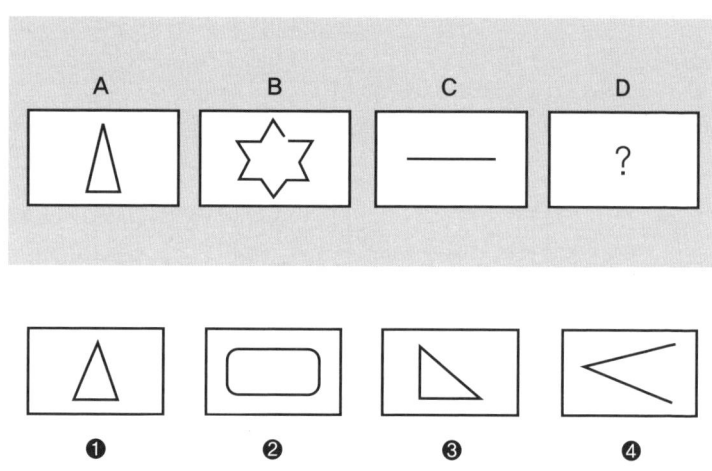

Day 002   다음은 주사위를 네 번 던져 나온 모습입니다. 각 번호가 서로 마주하고 있는 번호를 알아 맞혀 보세요.

Day 003   다음 다섯 개의 그림들 중 나머지 네 개의 그림과 다른 규칙을 보이는 그림을 골라보세요.

❶   ❷   ❸   ❹   ❺

Day 004   다음의 〈보기〉의 종이를 접어 상자를 접을 때 완성된 상자의 모양은 무엇일까요? 단, 정답은 여러 개일 수 있습니다.

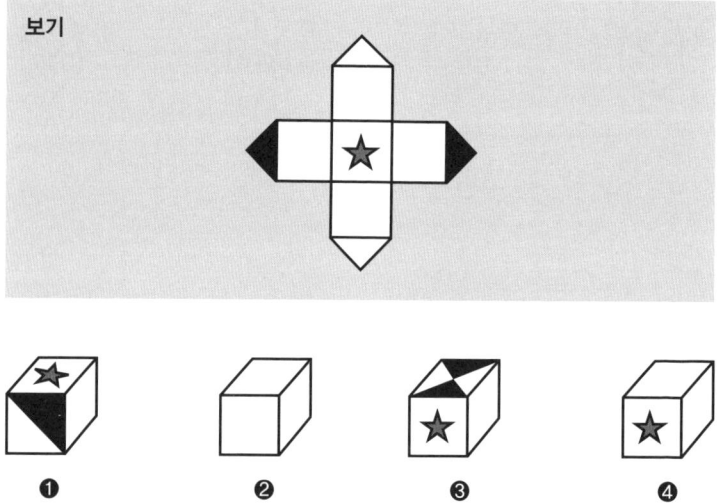

Day **005** 다음 미로를 벗어나보세요.

Day 001 ❹
B도형은 A에서 가장 짧은 선으로만 만들어진 것입니다. 따라서 C에서 가장 짧은 선은 하나이므로 그 길이의 선으로만 이루어진 것을 찾으면 됩니다. 따라서 정답은 ❹번입니다.

Day 002
그림들을 통해 3이 1, 2, 4, 5와 이웃하고 있음을 알 수 있습니다. 따라서 6의 맞은편에는 3이 옵니다. 또한 그림 A와 B를 통해 2와 5가 마주보고 있음을, 그림 C와 D를 통해 1과 4가 마주보고 있음을 알 수 있습니다.

Day 003 ❺
그림 ❺를 제외한 다른 그림들에는 검은 부분이 각기 다른 곳에 연관성 없이 칠해져 있는데, 그림 ❺만 대칭적으로 칠해져 있음을 발견할 수 있습니다.

Day 004 ❹
〈보기〉의 종이를 접으면 흰 면끼리 서로 마주보게 되고 별 모양과 ▨이 모양의 면이 마주보게 됩니다. 따라서 정답은 ❹번 뿐입니다.

Day 005

기억법 전문가 조신영의 기억력 향상 Tip 1.

텍스트나 숫자보다는 이미지나 그림을!

IT산업의 발달로 우리는 우리가 기억해야 할 것들을 굳이 머리가 아닌 스마트폰과 같은 외부 저장매체에 저장하게 되었습니다. 필요한 지식을 찾기 위해서 책을 펼치지 않고 PC와 스마트폰을 켜서 정보의 바다인 인터넷에 접속하고, 운전할 때는 더 이상 예전에 왔던 길을 떠올리거나 표지판을 보지 않고 내비게이션이 알려주는 대로 길을 찾아가고 있죠.

우리는 이렇게 편리한 세상에 살고 있지만, 아이러니하게도 우리의 뇌는 점점 죽어가고 있습니다. 건망증과 치매와 같은 기억력 관련 질환들이 꾸준히 증가하는 추세이며, 그에 따라 기억력 향상과 유지를 위한 훈련의 중요성과 관심이 대두되고 있습니다. 이 흐름에 따라 우리나라도 기억력스포츠와 기억법을 배우고자 하는 사람들이 늘어나고 있으며, 해외의 경우 이미 1990년대부터 보급, 보편화되었습니다.

해마는 뇌의 부위 중에서 기억에 관해 가장 영향력을 많이 행사하는 역할을 한다고 볼 수 있습니다. 해마는 기본적으로 외부 정보를 제일 먼저 받아들여서, 그것을 단기기억으로써 활용할 것인지 장기기억으로 저장할 것인지 판단합니다. 그러므로 무언가를 많이, 오래 기억하고 싶을 땐 기억의 관리자 해마가 좋아하는 것을 공략해야 합니다.

해마는 공간적인 정보를 좋아합니다. 공간적인 정보 위주로 장기기억으로 저장하게 하는 성향이 강합니다. 텍스트나 글, 숫자 같은 정보를 기억하고자 할 땐 이미지나 그림과 같은 공간적인 정보로 바꿔서 기억하는 것이 훨씬 효과적입니다.

예를 들어, 사람의 이름을 기억할 때도 그 사람의 이름에서 연상되는 이미지로 외우는 것이 효과적이지요. 가령 왕건이라는 사람이 있다면 커다란 총을 연상하여 외우는 것과 같이 말입니다.

From 18Week

to
34Week

Day 001 그림 A, B, C를 보고 D에 올 그림을 맞혀보세요.

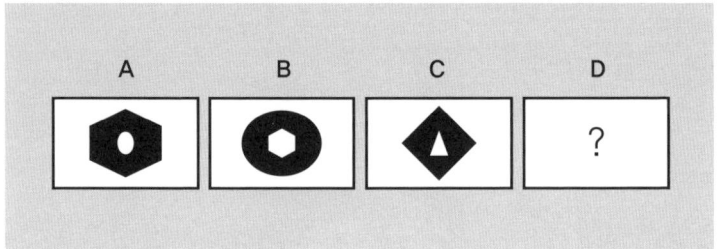

Day 002   다음의 〈보기〉의 종이를 접어 상자를 접을 때 완성된 상자의 모양은 무엇일까요? 단, 정답은 여러 개일 수 있습니다.

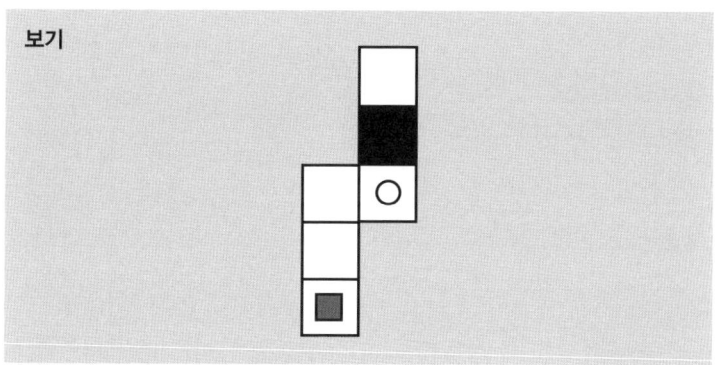

❶

❷

❸

❹

Day 003   주사위를 세 번 던져서 다음과 같은 결과를 얻었습니다. Y의 상태에서 주사위 바닥에 오는 면에 숫자는 몇일까요?

Day 004   다음 다섯 개의 그림들 중 나머지 네 개의 그림과 다른 규칙을 보이는 그림을 골라보세요.

Day **005** 다음 미로를 벗어나보세요.

Day 001 ❹
A, B를 통해 바깥에 있는 도형과 안에 있는 도형이 서로 바뀜을 알 수 있습니다.

Day 002 ❶, ❷, ❹
〈보기〉의 종이를 접으면 무늬가 있는 면이 무늬가 없는 흰 면과 마주보게 됩니다. 또한 검정색 면은 작은 회색 네모가 있는 면, 흰 면과 이웃하게 됩니다. 따라서 보기 ❷와 보기 ❸은 서로 성립할 수 없는 모양입니다. 둘 중 하나만 성립될 수 있다는 것이지요. 동그라미가 있는 면이 위에 올라오는 경우 검정색 면의 왼편에 흰 면이, 오른 편에 작은 회색 네모 면이 오게 됩니다. 따라서 ❸은 정답이 될 수 없습니다.

Day 003 2
X와 Y에서 4는 1, 3, 5, 6과 이웃함을 알 수 있습니다. 따라서 4는 2와 마주하고 있습니다. Y의 위치에서 맨 윗면에 숫자 4가 있으므로 바닥면에는 숫자 2가 있음을 알 수 있습니다.

Day 004 ❶
그림 ❶을 제외하고 나머지 네 그림은 검은 동그라미와 흰 동그라미가 서로 이웃하고 있으며, 검은색 정사각형과 흰 정사각형 역시 이웃하고 있고, 세모와 곡선형 역시 서로 이웃하고 있습니다. 그림 ❶은 세모와 곡선형이 멀리 떨어져 있습니다.

Day 005

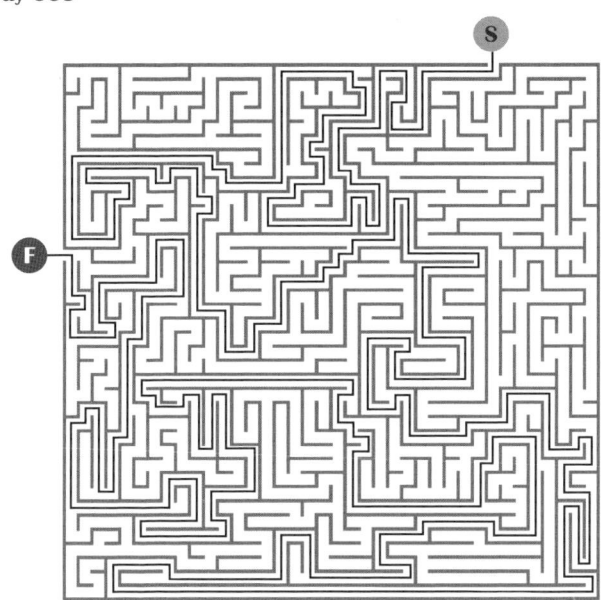

Day 001   그림 A, B, C를 보고 D에 올 그림을 맞혀보세요.

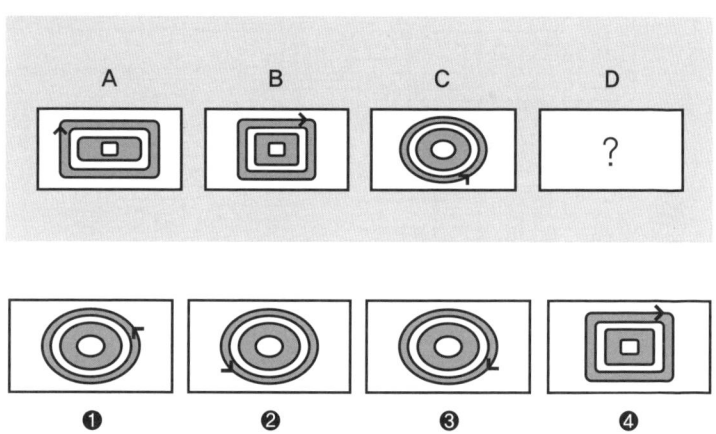

Day 002   다음의 〈보기〉의 종이를 접어 상자를 접을 때 완성된 상자의 모양은 무엇일까요? 단, 정답은 여러 개일 수 있습니다.

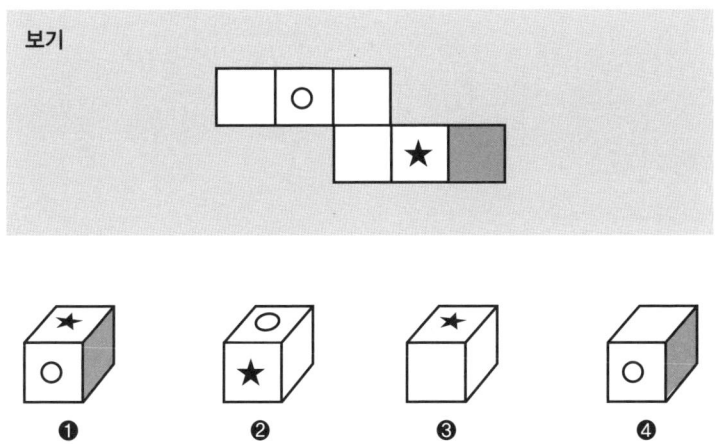

Day 003   아래는 주사위를 두 번 던져 나온 모습입니다. 주사위가 A상태로 있을 때, 바닥 면에 오게 되는 점의 개수는 몇 개일까요?

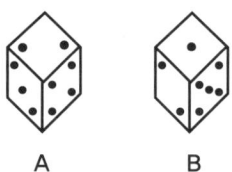

Day 004   다음 다섯 개의 그림들 중 나머지 네 개의 그림과 다른 규칙을 보이는 그림을 골라보세요.

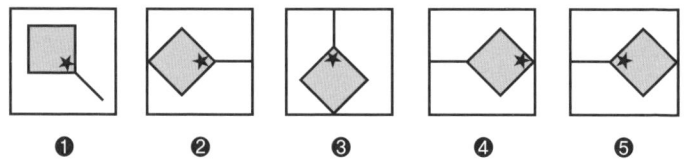

Day 005   다음 미로를 벗어나보세요.

Day 001 ❷
그림 A, B를 보면 화살표가 시계방향으로 움직이고 있습니다. 따라서 A 그림에서 B 그림만큼 화살표가 이동한 그림을 찾으면 되므로 정답은 ❷. ❸번 그림은 화살표가 시계 반대 방향으로 움직였으므로 정답이 될 수 없습니다.

Day 002 ❸, ❹
〈보기〉의 종이를 접으면 동그라미 무늬 면이 별 무늬 면과 마주보게 됩니다. 따라서 동그라미 무늬 면과 별 무늬 면이 이웃하고 있는 ❶, ❷는 정답이 될 수 없습니다.

Day 003 6
A, B를 통해 점 두 개가 있는 면은 점 1, 3, 4, 5 면과 이웃하고 있음을 알 수 있습니다. 따라서 점 두 개가 있는 면과 마주보는, 즉 바닥면의 점 개수는 6입니다.

Day 004 ❹
그림 ❹번을 제외한 다른 그림들에서는 사각형 속 별의 위치가 사각형과 선이 연결된 곳에 위치하고 있음을 알 수 있습니다.

Day 005

Day 001   그림 A, B, C를 보고 D에 올 그림을 맞혀보세요.

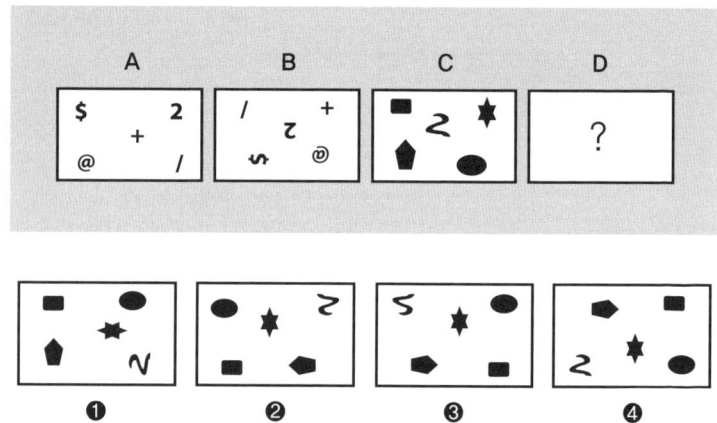

Day 002 다음의 〈보기〉의 종이를 접어 상자를 접을 때 완성된 상자의 모양은 무엇일까요? 단, 정답은 여러 개일 수 있습니다.

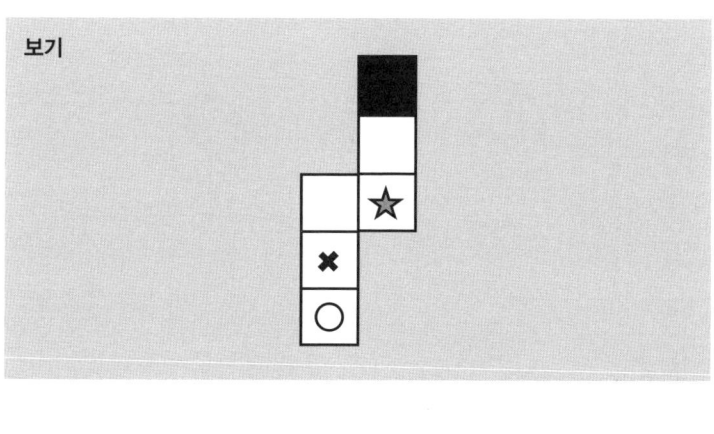

보기

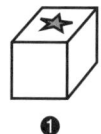
❶

❷

❸

❹

Day 003 다음은 주사위를 세 번 던져 나온 모습입니다. 점 하나가 있는 면의 반대편에 있는 면에 있는 점의 개수를 알아맞혀 보세요.

A

B

C

Day 004 다음 다섯 개의 그림들 중 나머지 네 개의 그림과 다른 규칙을 보이는 그림을 골라보세요.

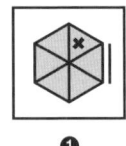 ❶   ❷   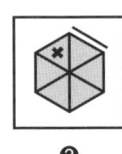 ❸    ❹   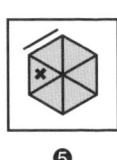 ❺

Day 005   다음 미로를 벗어나보세요.

Day 001 ❷
A에서 B로 기호들의 위치와 방향이 바뀐 것을 C, D에 대입해보면 정답은 ❷입니다.

Day 002 ❶, ❸
〈보기〉의 종이를 접으면 별 무늬 면이 검정색 면과, ✱ 무늬 면이 흰 면과, 동그라미 무늬 면이 흰 면과 각각 마주보게 됩니다. 그러므로 보기 ❷, ❹와 같이 별 무늬 면과 검정색 면이 서로 이웃할 수 없습니다.

Day 003 6
A, B, C를 통해 점 두 개가 있는 면과 점 1, 3, 5, 6이 이웃하고 있음을 알 수 있습니다. 따라서 점 두 개가 있는 면과 마주보는 면은 점 네 개가 있는 면입니다. 점 한 개가 있는 면과는 점 2, 3, 5가 있는 면이 이웃하고 있음을 알 수 있지요. 따라서 이 세 수를 제외하고 점 두 개와 마주보는 점 네 개가 있는 면을 제외하면, 점 한 개가 있는 면과 마주보는 면에 있는 점의 개수는 6입니다.

Day 004 ❷
그림 ❷를 제외하고 모두 직선을 위로 했을 때 직선의 왼쪽 방향에 +표시가 있습니다.

Day 005

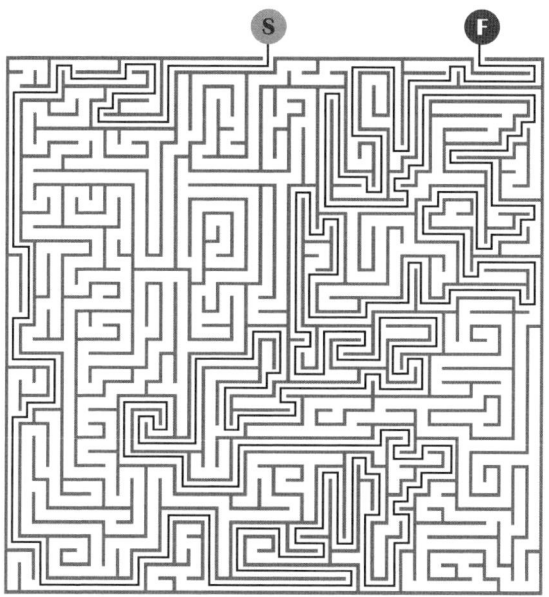

Day 001 다음 다섯 개의 그림들 중 나머지 네 개의 그림과 다른 규칙을 보이는 그림을 골라보세요.

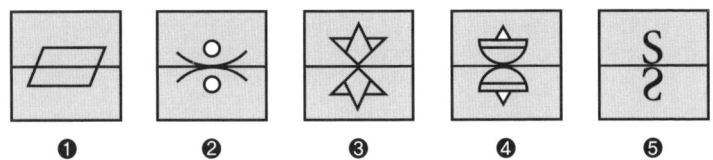

Day 002   다음의 〈보기〉의 종이를 접어 상자를 접을 때 완성된 상자의 모양은 무엇일까요? 단, 정답은 여러 개일 수 있습니다.

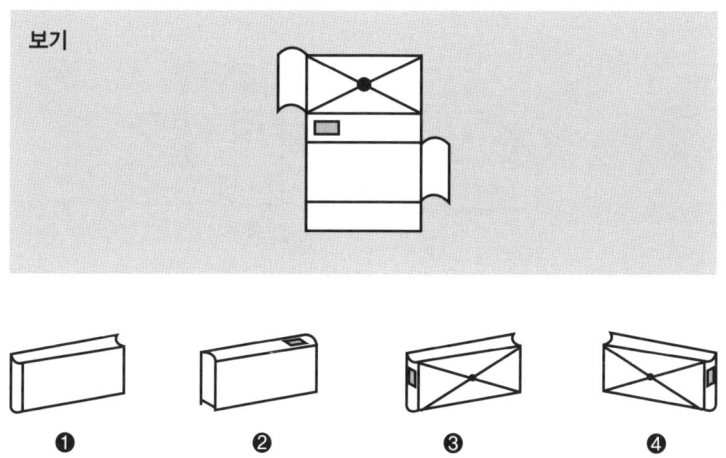

보기

❶   ❷   ❸   ❹

Day 003 다음은 주사위를 두 번 던져서 나타난 모습입니다. 한 번 더 던졌을 때 주사위의 윗부분에 점 세 개가 있는 면이 왔을 때 그것과 마주하는 면에 있는 점의 개수는 몇 개일까요?

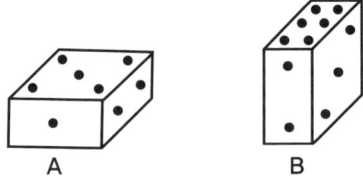

Day 004 다음 다섯 개의 그림들 중 나머지 네 개의 그림과 다른 규칙을 보이는 그림을 골라보세요.

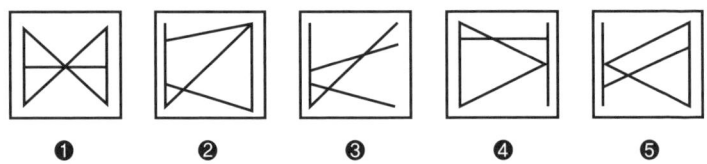

Day **005**   다음 미로를 벗어나보세요.

Day 001 ❶
그림 ❶을 제외한 나머지 그림들은 모두 마치 데칼코마니처럼 상하로 같은 모양이 대칭하고 있습니다.

Day 002 ❶
〈보기〉의 종이를 접으면 회색 네모 무늬가 있는 면이 길쭉하게 흰 면과 x 모양의 면과 이웃하게 됩니다. 네모 무늬가 있는 면의 왼편에 흰 면이 위치하기 때문에 그림 ❷처럼 네모 무늬가 위치할 수 없습니다. 또한 회색 네모 무늬는 길쭉한 면을 이루므로 ❸, ❹ 또한 정답이 될 수 없습니다.

Day 003 다섯 개
A, B를 통해 점 두 개가 있는 면이 점 1, 3, 5, 6면과 이웃함을 알 수 있습니다. 또한 점 세 개가 있는 면은 점 2, 6면과 이웃함을 알 수 있습니다. 따라서 점2면과 마주하는 점4면, 그리고 2, 6면을 제외합니다. 또한 점 세 개가 있는 면은 넓적한 모양이므로 점 한 개가 있는 면도 제외됩니다. 따라서 점 세 개가 있는 면과 마주보는 면에 점의 개수는 다섯 개입니다.

Day 004 ❸
그림 ❸을 제외하고 나머지 네 그림들은 모두 다섯 개의 선으로 이루어져 있습니다. 그림 ❸은 네 개의 선으로 이루어져 있습니다.

Day 005

Day 001 그림 A, B, C를 보고 D에 올 그림을 맞혀보세요.

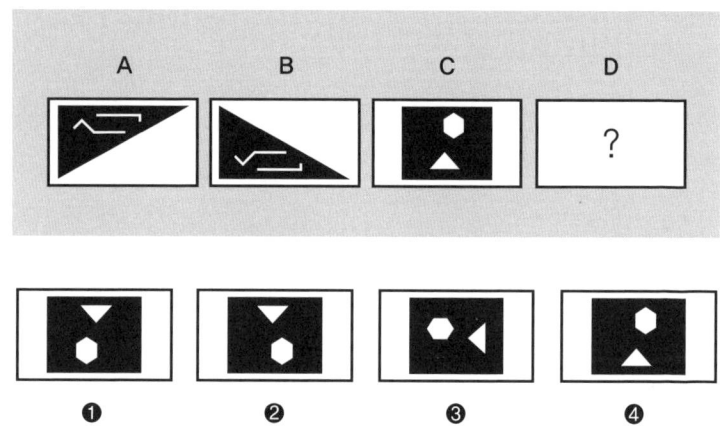

Day 002　　다음의 〈보기〉의 종이를 접어 상자를 접을 때 완성된 상자의 모양은 무엇일까요? 단, 정답은 여러 개일 수 있습니다.

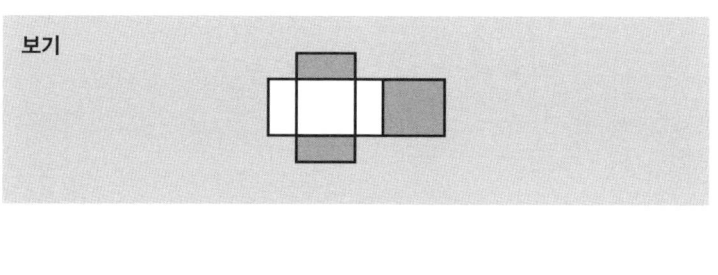

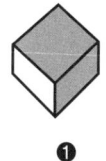　　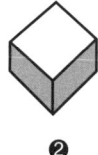　　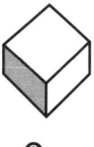　　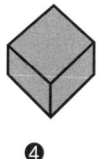

❶　　　　　　❷　　　　　　❸　　　　　　❹

Day 003   다음은 주사위를 두 번 던져서 나타난 모습입니다. 숫자 5가 있는 면과 마주하는 면의 숫자를 맞혀보세요.

A

B

Day 004   다음 다섯 개의 그림들 중 나머지 네 개의 그림과 다른 규칙을 보이는 그림을 골라보세요.

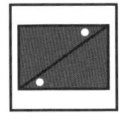 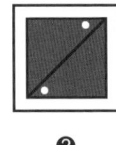 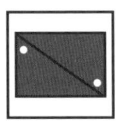 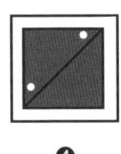 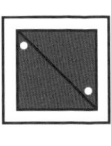

❶　　　❷　　　❸　　　❹　　　❺

Day 005   다음 미로를 벗어나보세요.

Day 001 ❷
A, B를 통해 C 그림이 상하로 180도 뒤집어진 것을 찾으면 됩니다. 따라서 정답은 ❷입니다.

Day 002 ❶, ❸
〈보기〉의 종이를 접으면 회색 직사각형 면 두 개가 서로 마주보고, 흰 직사각형 면 두 개가 마주보게 됩니다. 또한 흰 정사각형 면과 검은 정사각형 면이 마주보게 됩니다. 따라서 정답이 될 수 있는 것은 ❶, ❸입니다.

Day 003 2
그림 A와 B를 통해 1, 4, 2 그리고 2, 3, 6은 서로 이웃하고 있음을 알 수 있습니다. 따라서 5는 반드시 2의 반대쪽에 놓여야 합니다. 따라서 5와 마주보는 숫자는 2임을 알 수 있습니다.

Day 004 ❹
그림 ❹만 삼각형 하나에 두 점이 모두 찍혀 있습니다.

Day 005

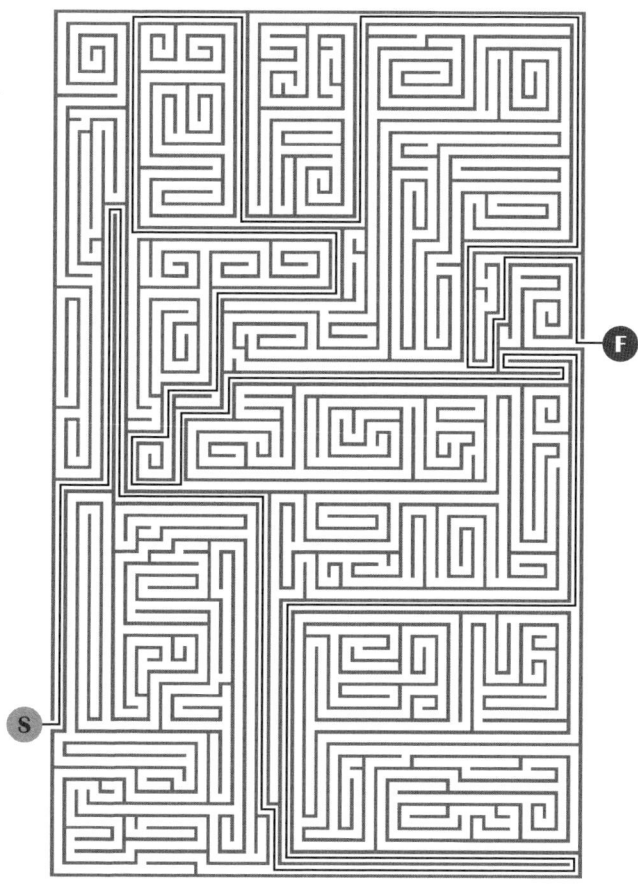

Day 001   그림 A, B, C를 보고 D에 올 그림을 맞혀보세요.

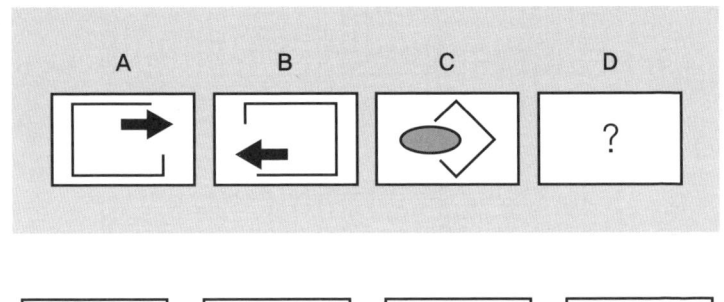

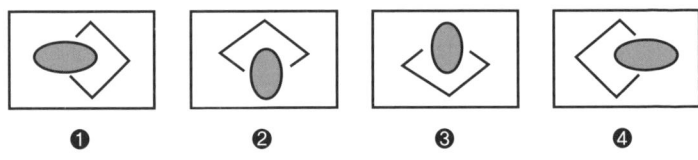

Day 002 다음의 〈보기〉의 종이를 접어 상자를 접을 때 완성된 상자의 모양은 무엇일까요? 단, 정답은 여러 개일 수 있습니다.

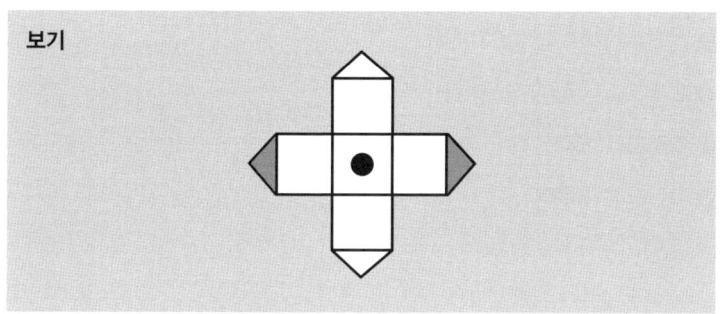

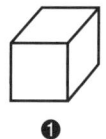
❶

❷

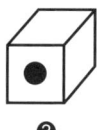
❸

❹

Day 003   주사위에 1~6까지의 숫자가 적혀 있는데, 숫자 1은 2, 3, 5와 이웃하고 있습니다. 다음 중 참인 것을 골라보세요.

❶ 4와 6은 서로 마주보지 않는다.
❷ 2와 5는 서로 마주보지 않는다.
❸ 1은 6과 인접하다.
❹ 1은 4와 인접하다.

Day 004   다음 다섯 개의 그림들 중 나머지 네 개의 그림과 다른 규칙을 보이는 그림을 골라보세요.

  ❶   ❷   ❸   ❹   ❺

Day **005**   다음 미로를 벗어나보세요.

Day 001 ❹
A, B를 통해 D에 올 그림은 C그림은 상하, 좌우로 180도 바꾼 그림임을 알 수 있습니다. 따라서 정답은 ❹입니다.

Day 002 ❸
〈보기〉의 종이를 접어보면 흰 면 네 개가 각 두 개씩 서로 마주보게 되고, 동그라미 무늬가 있는 면과 회색 면과 흰 면이 섞인 면이 마주보게 됩니다. 따라서 정답이 될 수 있는 것은 ❸뿐입니다.

Day 003 ❶
1이 2, 3, 5와 인접하면 4, 6 중 한 면이 1의 반대편에 놓이고 나머지 한 면은 1과 이웃하게 됩니다. 이 모습을 떠올려보면 4 또는 6 중 한 면이 1과 마주보고 그 사이에 4 또는 6 중 한 면이 자리하게 되는 모습입니다. 따라서 4번과 6번은 서로 반대편에 놓여 있을 수 없습니다.

Day 004 ❹
그림 ❹를 제외한 다른 그림들은 모두 위쪽을 향한 화살표끼리 아래쪽을 향한 화살표끼리 화살표 모양의 방향이 같습니다.

Day 005

Day 001 다음과 같이 종이를 접고 삼각형 모양으로 잘라 냈습니다. 종이를 폈을 때 어떤 모양이 될까요?

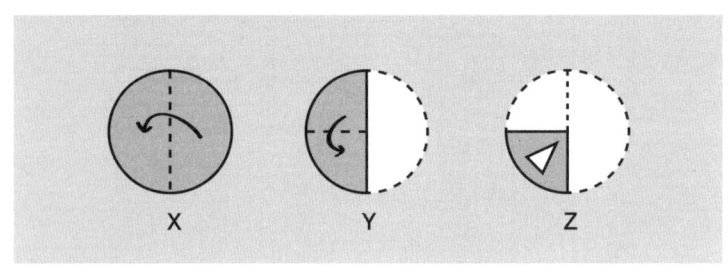

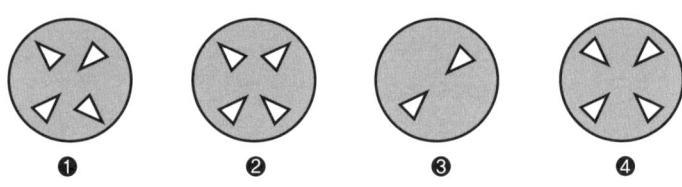

❶ ❷ ❸ ❹

Day 002   주사위의 마주보는 면끼리 찍힌 점의 개수를 더했을 때, 항상 7이라면 다음 중 옳은 것을 골라보세요.

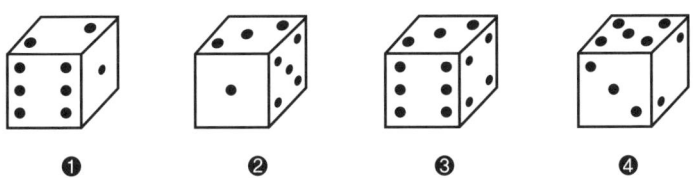

❶   ❷   ❸   ❹

Day 003   주사위를 두 번 던졌을 때 아래와 같은 모양이 나왔습니다. 주사위의 맨 위에 점 1면이 올 때, 맨 아래에 오는 면에 있는 점의 개수는 몇 개일까요?

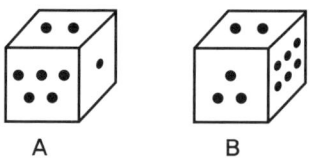

Day 004   다음 다섯 개의 그림들 중 나머지 네 개의 그림과 다른 규칙을 보이는 그림을 골라보세요.

Day 005   다음 미로를 벗어나보세요.

Day 001 ❹
종이를 한 겹 한 겹 머릿속으로 펴보며 잘라진 공간을 되짚어 보세요. 잘 풀리지 않는다면 직접 종이를 접고 잘라보는 것도 좋습니다.

Day 002 ❷
마주보는 면의 점들을 합친 숫자가 항상 7이어야 하기 때문에 점 1면은 점 6면과, 점 3면은 점 4면과, 점 2면은 점 5면과 마주볼 수밖에 없습니다. 따라서 ❶, ❸은 정답이 될 수 없습니다.

Day 003 6
A, B를 통해 점 2, 5면은 점 1면과 마주볼 수 없다는 것을 알 수 있습니다. 따라서 정답은 점 3면 또는 점 6면이 됩니다. A 그림에서 점 2면과 점 1면이 이웃하고 있으면 점 5면의 오른쪽에 위치하고 있음을 알 수 있습니다. B 그림에서 점 2면이 A와 동일하게 맨 위에 있으므로 주사위를 좌우로 회전하고 있음을 파악할 수 있습니다. 따라서 정답은 6이 됩니다.

Day 004 ❸
그림 ❸에서만 화살표 안에 있는 두 직선의 각도가 직각이 아니라는 사실을 발견할 수 있습니다.

Day 005

Day 001   다음과 같이 종이를 접고 잘라냈습니다. 종이를 폈을 때 어떤 모양이 될까요?

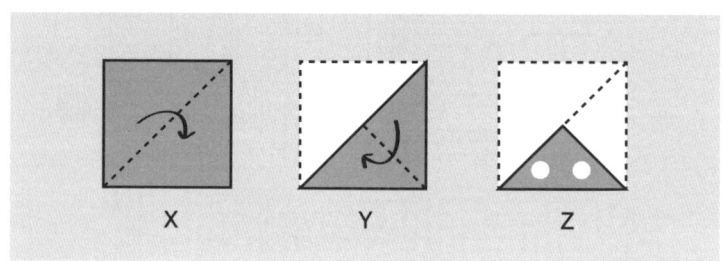

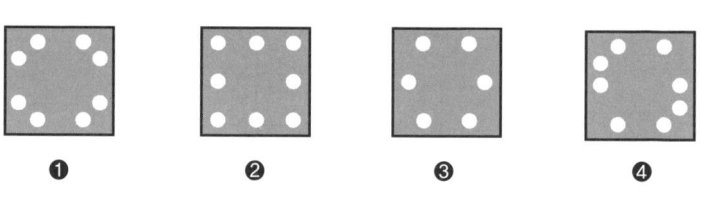

Day 002   각 면에 1~6까지 숫자가 적힌 주사위를 두 번 던져서 아래와 같은 모습이 나왔습니다. 숫자 3과 마주하는 면의 숫자는 무엇일까요?

A

B

Day 003   각 면에 1~6까지 숫자가 적힌 주사위를 두 번 던져서 아래와 같은 모습이 나왔습니다. 숫자 3과 마주하는 면의 숫자는 무엇일까요?

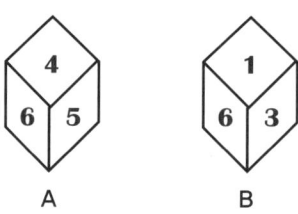

Day 004   다음 다섯 개의 그림들 중 나머지 네 개의 그림과 다른 규칙을 보이는 그림을 골라보세요.

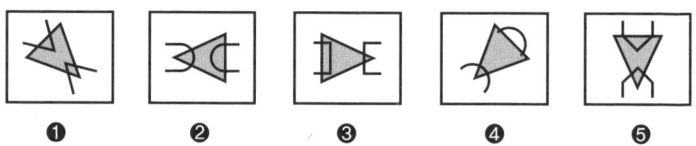

Day **005**   다음 미로를 벗어나보세요.

해설

Day 001 ❶
종이를 한 겹 한 겹 머릿속으로 펴보며 잘라진 공간을 되짚어 보세요. 잘 풀리지 않는다면 직접 종이를 접고 잘라보는 것도 좋습니다.

Day 002 5
그림 A, B를 통해 숫가 5가 1, 2, 4, 6과 이웃하고 있음을 알 수 있습니다. 따라서 5와 마주하는 면이 3임을 알 수 있습니다.

Day 003 5
그림 A, B를 통해 숫자 6이 같은 위치에 있고 나머지 이웃하는 숫자들이 바뀌었으므로 1, 4면이 서로 마주하고 있음을 파악할 수 있습니다. 또한 6면은 1, 3, 4, 5면과 이웃하므로 6면과 마주보는 면은 2면임을 알 수 있습니다. 따라서 3과 마주하는 면은 5면입니다.

Day 004 ❹
삼각형에 있는 두 선의 방향이 다른 네 그림은 서로 반대쪽으로 되어 있고 그림 ❹만 같은 방향으로 되어 있음을 알 수 있습니다.

Day 005

Day 001   그림 A, B, C를 보고 D에 올 그림을 맞혀보세요.

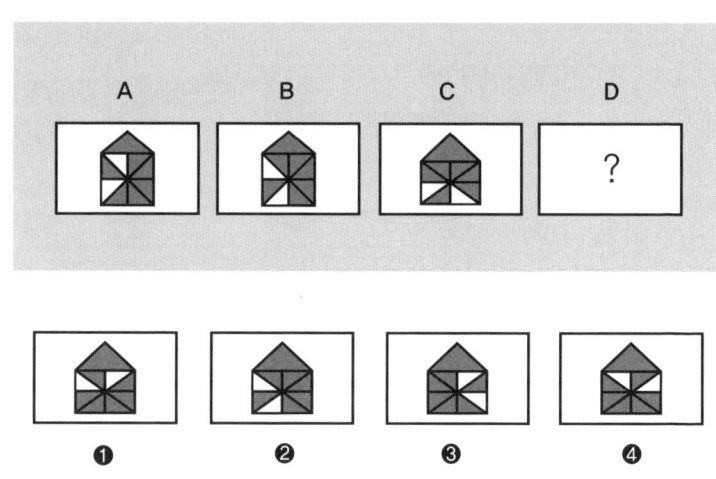

Day 002 다음과 같이 종이를 접고 잘라냈습니다. 종이를 폈을 때 어떤 모양이 될까요?

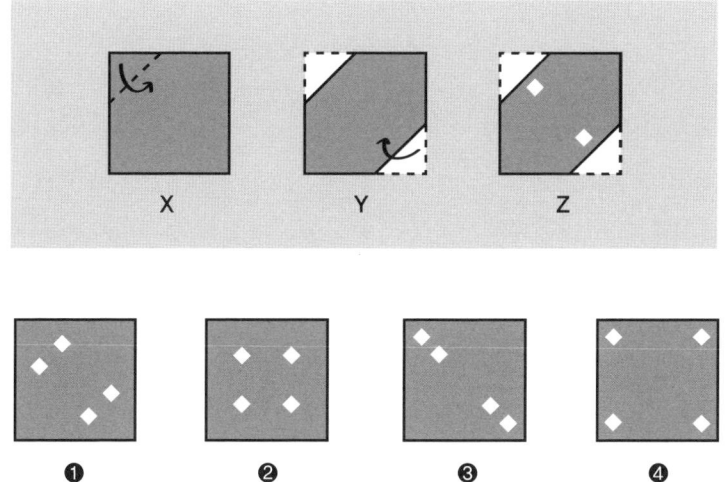

Day 003   1~6까지 숫자가 적힌 주사위를 세 번 던져 다음과 같은 모습이 나왔습니다. 주사위가 X 모양일 때 바닥면에 오는 숫자는 무엇일까요?

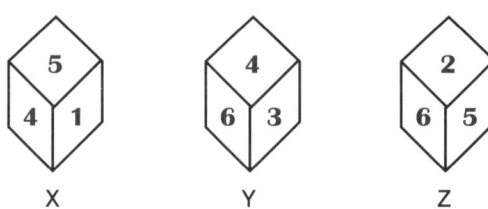

Day 004   다음 다섯 개의 그림들 중 나머지 네 개의 그림과 다른 규칙을 보이는 그림을 골라보세요.

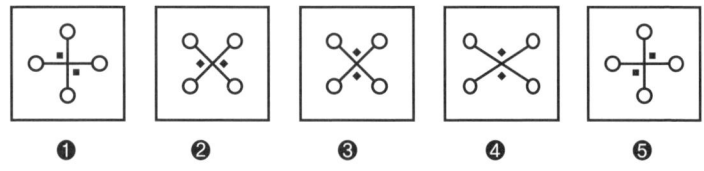

Day 005　　　다음 미로를 벗어나보세요.

Day 001 ❶
A, B를 통해 큰 사각형을 가로로 가로지르는 선을 기준으로 상하로 180도 바뀌고 있음을 알 수 있습니다. 따라서 정답은 ❶입니다.

Day 002 ❸
종이를 한 겹 한 겹 머릿속으로 펴보며 잘라진 공간을 되짚어 보세요. 잘 풀리지 않는다면 직접 종이를 접고 잘라보는 것도 좋습니다.

Day 003 3
X와 Y에서 우리는 1, 5, 6, 3이 4와 이웃하고 있음을 알 수 있습니다. 따라서 4의 맞은편에는 2가 있음을 알 수 있지요. Y와 Z에서 우리는 4, 3, 2, 5가 6과 이웃함을 알 수 있습니다. 따라서 6과 1이 마주보고 있음을 알 수 있습니다. 따라서 3과 5가 마주함을 알 수 있고, 따라서 주사위가 X 모양일 때 바닥면에 숫자 3이 옴을 알 수 있습니다.

Day 004 ❹
그림 ❹를 제외한 네 그림 모두 겹쳐진 선이 직각을 이루고 있음을 알 수 있습니다.

Day 005

Day 001 그림 A, B, C를 보고 D에 올 그림을 맞혀보세요.

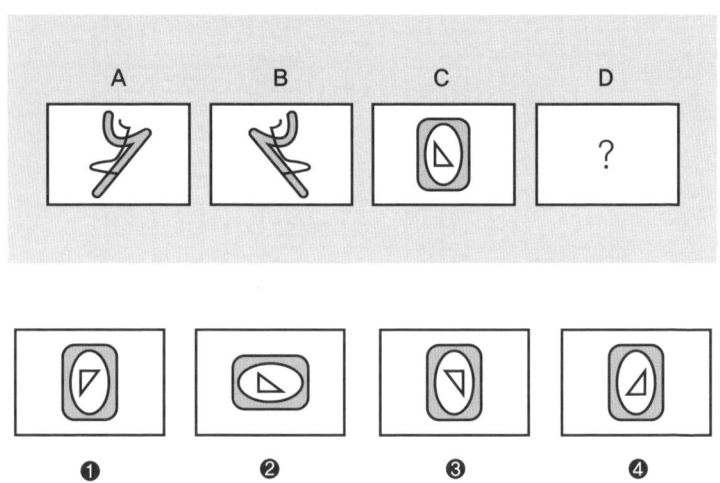

Day 002   다음과 같이 종이를 접고 잘라냈습니다. 종이를 폈을 때 어떤 모양이 될까요?

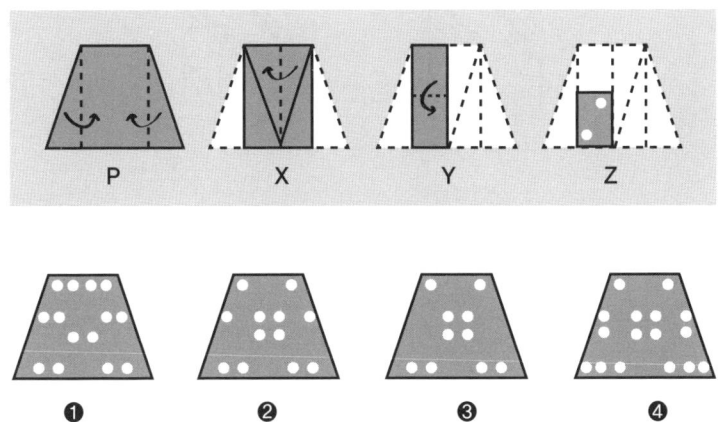

Day 003   다음은 주사위를 두 번 던져 나온 모습입니다. 점 3면과 마주할 가능성이 있는 면의 점 개수를 더한 값은 얼마일까요?

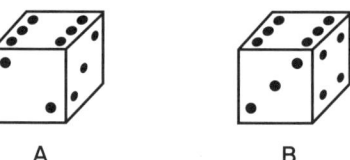

Day 004   다음 다섯 개의 그림들 중 나머지 네 개의 그림과 다른 규칙을 보이는 그림을 골라보세요.

Day 005 다음 미로를 벗어나보세요.

해설

Day 001 ❹
A, B를 통해 그림이 좌우 180도 바뀜을 알 수 있습니다. 따라서 정답은 ❹입니다.

Day 002 ❸
종이를 한 겹 한 겹 머릿속으로 펴보며 잘라진 공간을 되짚어 보세요. 잘 풀리지 않는다면 직접 종이를 접고 잘라보는 것도 좋습니다.

Day 003 6
A,B를 통해 점 3면과 점 2, 4, 6면이 서로 이웃하고 있음을 알 수 있습니다. 따라서 점 3면과 마주할 가능성이 있는 면은 점 1, 5면입니다. 따라서 정답은 6입니다.

Day 004 ❸
그림 ❸을 제외하고 사각형 내부에 그려진 선은 사각형 외부의 선이 만나는 모서리 반대편에 위치하고 있습니다.

Day 005

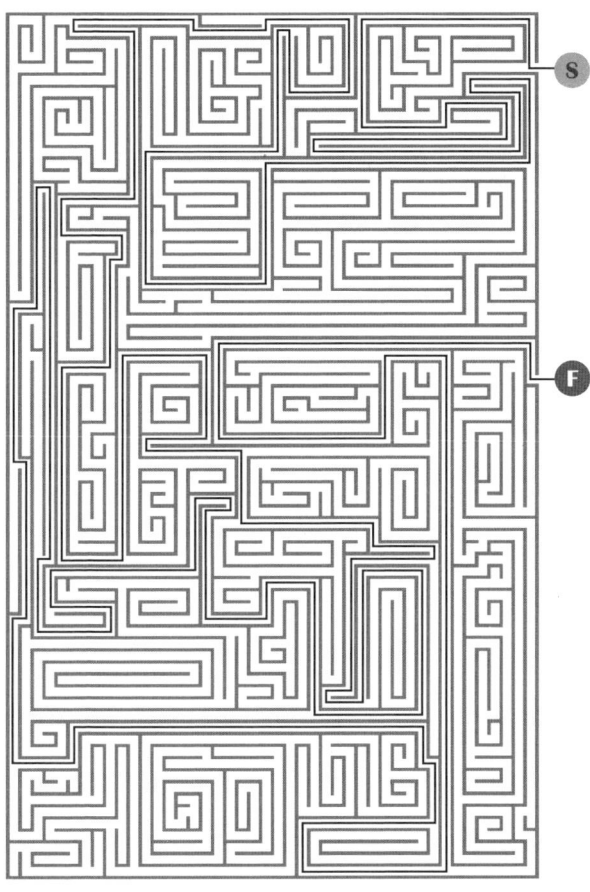

Day **001** 그림 A, B, C를 보고 D에 올 그림을 맞혀보세요.

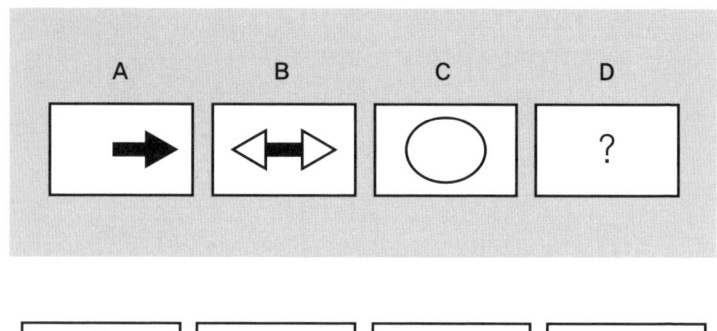

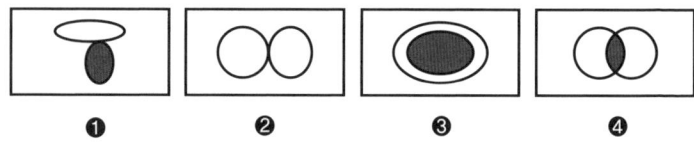

Day 002   다음과 같이 종이를 접고 잘라냈습니다. 종이를 폈을 때 어떤 모양이 될까요?

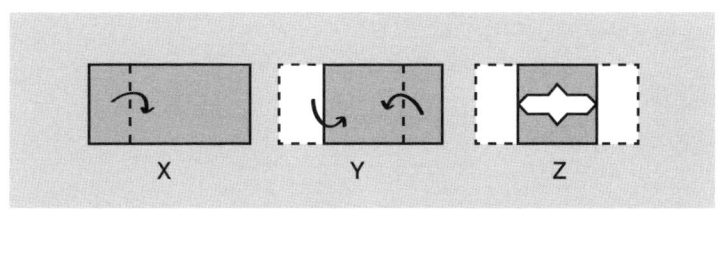

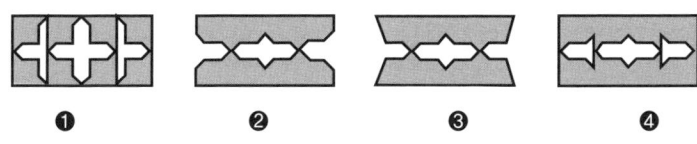

Day 003 다음은 주사위를 두 번 던져 얻은 결과입니다. 1 면과 마주하는 면의 숫자는 무엇일까요?

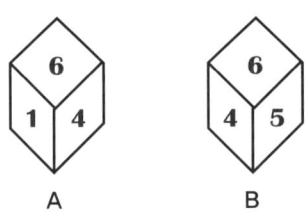

Day 004 다음 다섯 개의 그림들 중 나머지 네 개의 그림과 다른 규칙을 보이는 그림을 골라보세요.

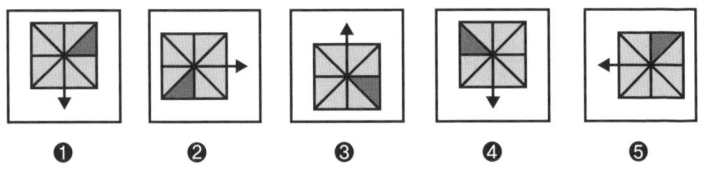

Day **005**   다음 미로를 벗어나보세요.

Day 001 ❹
A, B를 통해 그림이 두 개가 되고 가운데가 만나 그 부분이 색칠되는 것을 알 수 있습니다. 따라서 정답은 ❹입니다.

Day 002 ❷
종이를 한 겹 한 겹 머릿속으로 펴보며 잘라진 공간을 되짚어 보세요. 잘 풀리지 않는다면 직접 종이를 접고 잘라보는 것도 좋습니다.

Day 003 5
숫자 6이 동일한 위치에 있을 때 주사위 모습이 바뀌는 것으로 보아 주사위가 좌우로 돌아갔음을 알 수 있습니다. 따라서 1면과 5면이 마주하고 있음을 유추할 수 있습니다.

Day 004 ❶
그림 ❶을 제외한 나머지 네 그림은 모두 같은 그림이 방향만 바뀐 모습입니다. 그림 ❶만 화살표가 위로 향하게 했을 때 왼쪽에 색칠된 세모가 있습니다.

Day 005

Day 001 그림 A, B, C를 보고 D에 올 그림을 맞혀보세요.

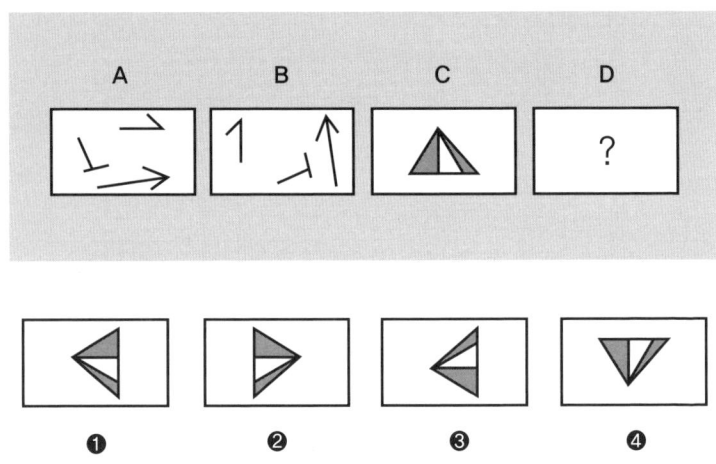

Day 002   다음과 같이 종이를 접고 잘라냈습니다. 종이를 폈을 때 어떤 모양이 될까요?

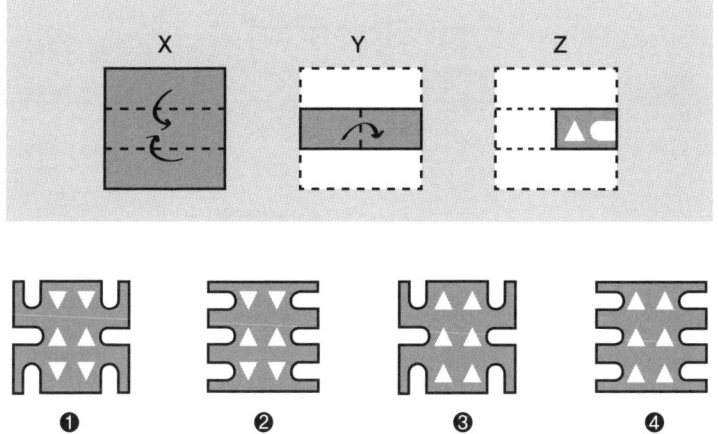

Day 003   다음은 주사위를 두 번 던져 나온 결과입니다. 점 4면과 마주하는 면에 점의 개수는 몇일까요?

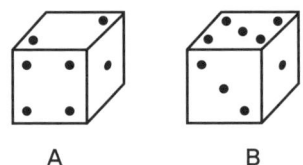

Day 004   다음 다섯 개의 그림들 중 나머지 네 개의 그림과 다른 규칙을 보이는 그림을 골라보세요.

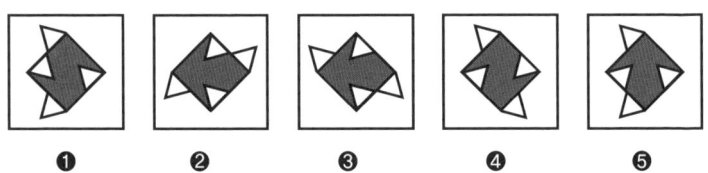

Day 005   다음 미로를 벗어나보세요.

Day 001 ❸
A, B를 통해 그림이 왼쪽으로 90도 돌아가고 있음을 알 수 있습니다. 따라서 정답은 ❸ 입니다.

Day 002 ❷
종이를 한 겹 한 겹 머릿속으로 펴보며 잘라진 공간을 되짚어 보세요. 잘 풀리지 않는다면 직접 종이를 접고 잘라보는 것도 좋습니다.

Day 003 3
두 그림에서 1면이 동일하게 등장합니다. 1은 2, 3, 4, 5면과 이웃하므로 1은 6과 마주봅니다. 그러므로 2, 5면이 서로 마주보고 3, 4면이 서로 마주보고 있음을 알 수 있습니다. 따라서 정답은 3입니다.

Day 004 ❹
그림 ❹만 사각형의 각 변 모두에 삼각형이 붙어있습니다.

Day 005

Day 001   그림 A, B, C를 보고 D에 올 그림을 맞혀보세요.

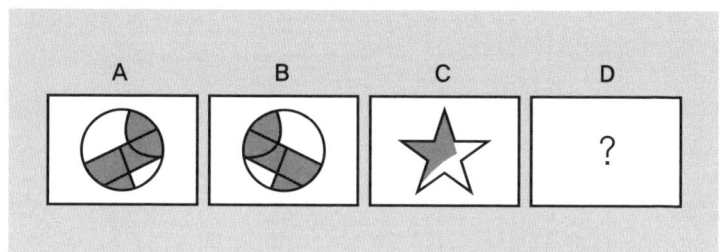

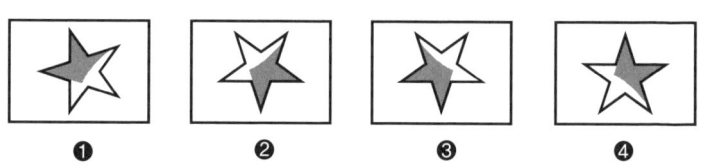

Day 002 다음과 같이 종이를 접고 잘라냈습니다. 종이를 폈을 때 어떤 모양이 될까요?

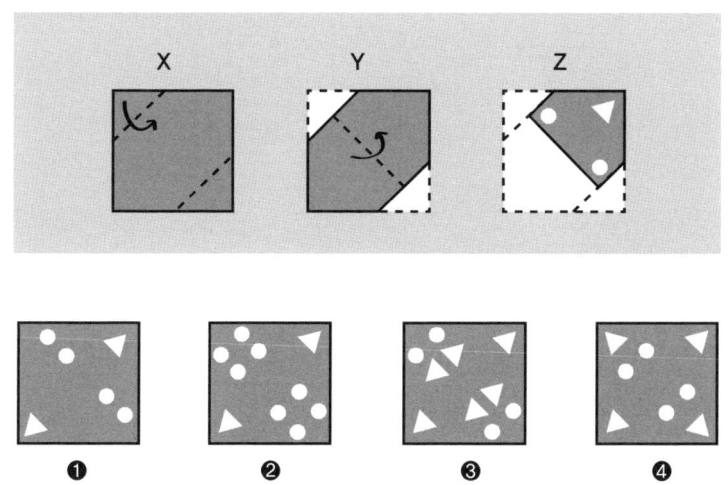

Day 003 다음은 주사위를 두 번 던져 얻은 결과입니다. 점 6면과 마주보는 면에 점의 개수는 몇인가요?

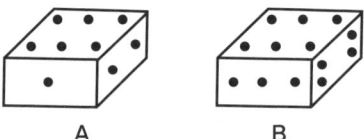

Day 004 다음 다섯 개의 그림들 중 나머지 네 개의 그림과 다른 규칙을 보이는 그림을 골라보세요.

Day 005 다음 미로를 벗어나보세요.

Day 001 ❹

그림 A, B를 통해 좌우가 반전됨을 알 수 있습니다. 따라서 정답은 ❹입니다.

Day 002 ❷

종이를 한 겹 한 겹 머릿속으로 펴보며 잘라진 공간을 되짚어 보세요. 잘 풀리지 않는다면 직접 종이를 접고 잘라보는 것도 좋습니다.

Day 003 5

두 그림을 통해 6과 1, 2, 3, 4가 이웃하고 있음을 알 수 있습니다. 따라서 6과 마주보는 면에 점의 개수는 5입니다.

Day 004 ❸

그림 ❸을 제외한 나머지 그림들은 모두 같은 그림을 방향만 바꾼 것입니다. 그림 ❸을 제외하고 곡선 끝의 꺾임이 모두 오른쪽에 있습니다.

Day 005

Day 001 그림 A, B, C를 보고 D에 올 그림을 맞혀보세요.

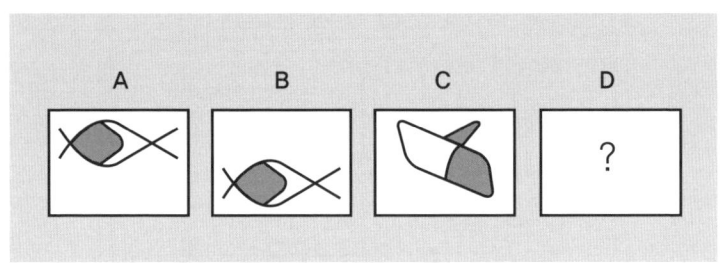

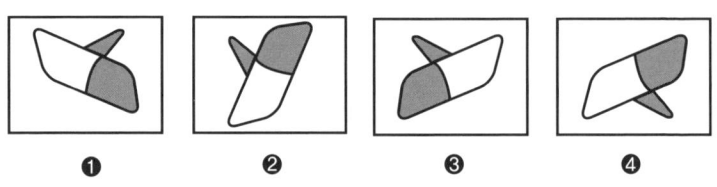

❶ ❷ ❸ ❹

Day 002 다음과 같이 종이를 접고 잘라냈습니다. 종이를 폈을 때 어떤 모양이 될까요?

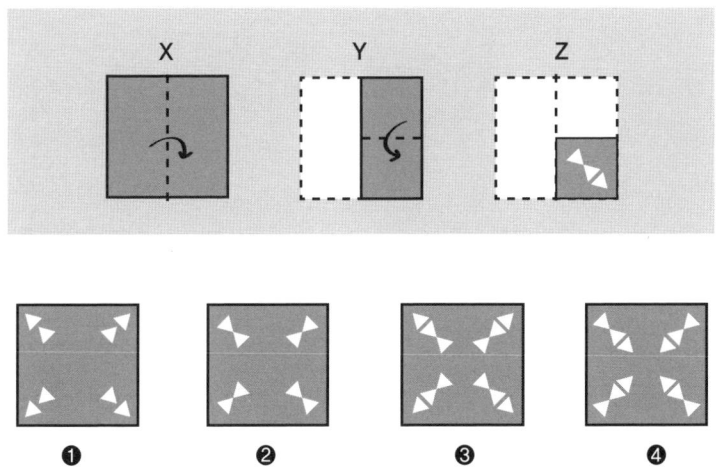

❶   ❷   ❸   ❹

Day 003   다음은 주사위를 두 번 던져 얻은 결과입니다. 점 2면과 마주보는 면에 점 개수는 몇인가요?

A

B

Day 004   다음 다섯 개의 그림들 중 나머지 네 개의 그림과 다른 규칙을 보이는 그림을 골라보세요.

 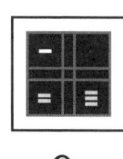  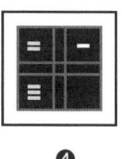 
❶   ❷   ❸   ❹   ❺

Day 005   다음 미로를 벗어나보세요.

Day 001 ❹
A, B그림과 보기를 통해 상하로 그림이 반전됨을 유추할 수 있습니다. 따라서 정답은 ❹ 입니다.

Day 002 ❸
종이를 한 겹 한 겹 머릿속으로 펴보며 잘라진 공간을 되짚어 보세요. 잘 풀리지 않는다면 직접 종이를 접고 잘라보는 것도 좋습니다.

Day 003 1
점 3은 1, 2, 5, 6면과 이웃합니다. 따라서 점 3은 4와 마주보고 있음을 알 수 있습니다. 그러므로 점 1면과 2면, 점 6면과 5면이 서로 마주하고 있음을 알 수 있습니다. 그러므로 정답은 1입니다.

Day 004 ❸
그림 ❸을 제외하고 나머지 그림들은 점선 하나, 점선 둘, 점선 셋이 시계 반대 방향으로 순차적으로 나오고 있습니다.

Day 005

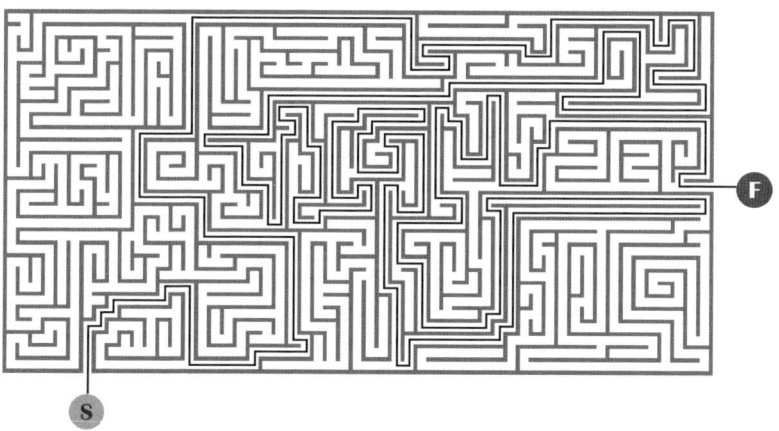

Day 001 다음은 주사위를 네 번 던져서 얻은 결과입니다. 숫자6의 반대편에 있는 숫자는 무엇일까요?

A

B

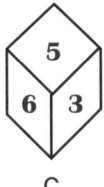
C

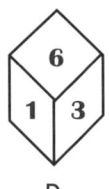
D

Day 002 다음은 주사위를 두 번 던져 나온 결과입니다. 점 4면이 점 5면과 마주본다고 할 때, 점 2면이 바닥에 있을 때 맨 위에 오는 면에 점의 개수는 몇일까요?

A

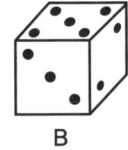
B

Day 003   다음과 같이 종이를 접고 잘라냈습니다. 종이를 폈을 때 어떤 모양이 될까요?

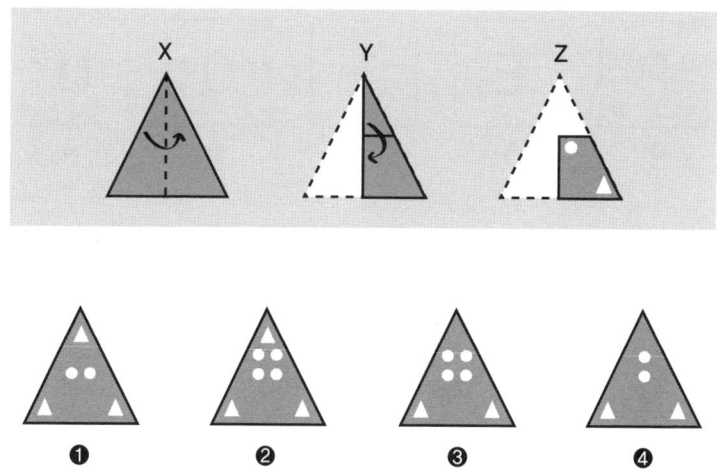

Day 004   다음 다섯 개의 그림들 중 나머지 네 개의 그림과 다른 규칙을 보이는 그림을 골라보세요.

Day 005   다음 미로를 벗어나보세요.

Day 001 4
A, B를 통해 2와 3이 마주함을 알 수 있습니다. 또한 C, D를 통해 1과 5가 마주하고 있음을 알 수 있습니다. 따라서 6과 마주하는 것은 4입니다.

Day 002 6
두 결과에서 점 3면은 점 2, 4, 5, 6면과 이웃함을 알 수 있습니다. 따라서 점 3면은 점 1면과 마주합니다. 점 4면과 점 5면이 마주한다고 했으므로 점 2면과 마주보는 것은 점 6면입니다.

Day 003 ❸
종이를 한 겹 한 겹 머릿속으로 펴보며 잘라진 공간을 되짚어 보세요. 잘 풀리지 않는다면 직접 종이를 접고 잘라보는 것도 좋습니다.

Day 004 ❶
❶을 제외한 나머지는 모두 알파벳 모음입니다.

Day 005

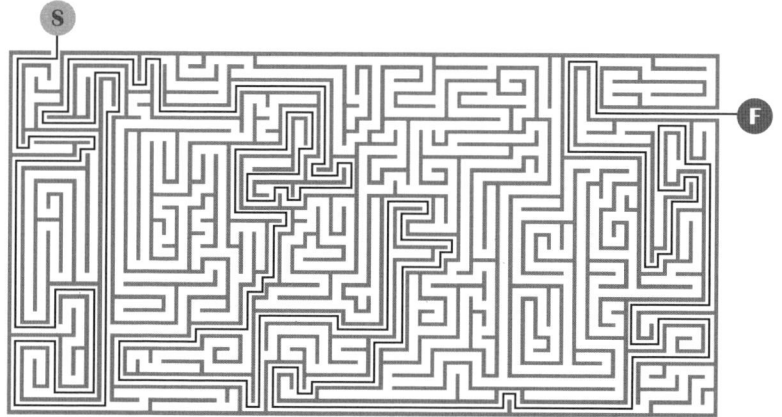

Day 001 주사위를 세 번 던져 다음과 같은 결과를 얻었습니다. 주사위가 Z모양으로 놓여있다고 할 때, 6번과 5번 뒤에 숨겨진 숫자는 무엇일까요?

X

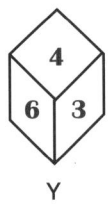
Y

Z

Day 002 다음은 주사위를 세 번 던져 얻은 결과입니다. 점 3면과 마주하는 면에 점의 개수를 알아맞혀 보세요.

A

B

C

Day 003 다음과 같이 종이를 접고 잘라냈습니다. 종이를 폈을 때 어떤 모양이 될까요?

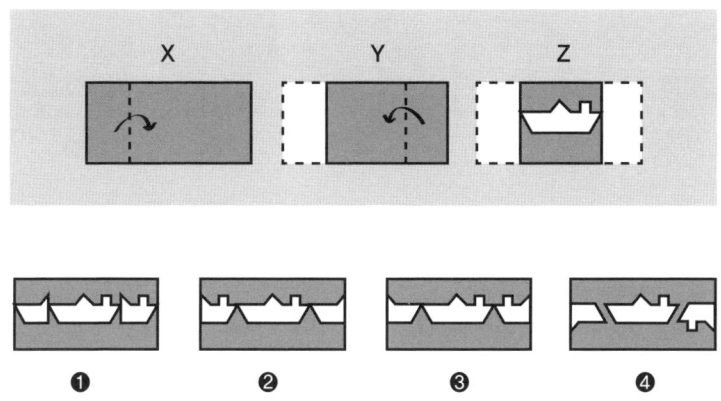

Day 004   다음 다섯 개의 그림들 중 나머지 네 개의 그림과 다른 규칙을 보이는 그림을 골라보세요.

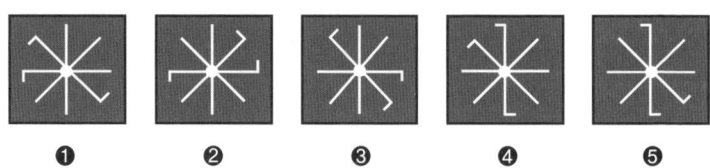

❶   ❷   ❸   ❹   ❺

Day 005   다음 미로를 벗어나보세요.

Day 001 1, 3

X와 Y를 통해 4와 1, 3, 5, 6이 이웃하고 있음을 알 수 있습니다. 따라서 4는 2와 마주하고 있습니다. Y와 Z를 통해 6과 2, 3, 4, 5가 이웃하고 있음을 알 수 있습니다. 따라서 6은 1과 마주하고 있습니다. 결국 5와 3이 마주하고 있는 것을 알 수 있습니다. 따라서 주사위가 Z 위치에 있을 때, 5와 6 사이에 올 숫자는 1, 3입니다.

Day 002 6

A, B, C를 통해 점 2면이 점 1, 3, 4, 6면과 이웃함을 알 수 있습니다 따라서 점 5면은 점 2면과 마주합니다. A, C를 통해 점 2면과 점 4면이, 점 1면과 점 3면이 서로 이웃하고 있음을 알 수 있습니다. 따라서 점 5면 또는 점 6면이 점 3면의 맞은편에 나타날 거라는 사실을 유추할 수 있습니다. 앞서 점 5면은 점 2면과 마주하므로 정답은 6입니다.

Day 003 ❸

종이를 한 겹 한 겹 머릿속으로 펴보며 잘라진 공간을 되짚어 보세요. 잘 풀리지 않는다면 직접 종이를 접고 잘라보는 것도 좋습니다.

Day 004 ❸

그림 ❸을 제외한 그림들은 모두 같은 그림이 각도만 바꾼 모양입니다. 그림 ❸만 직선의 꺾인 방향이 다릅니다.

Day 005

Day 001   각 면에 a~f까지 쓰여 있는 주사위를 던져 다음과 같은 결과를 얻었습니다. a는 b, d, f와 이웃하고 있습니다. c가 맨 위에 있을 때, 무엇이 제일 아래에 있을까요?

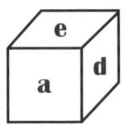

Day 002   주사위를 두 번 던져 다음과 같은 결과를 얻었습니다. 만약 주사위 바닥에 점이 두 개 있을 때, 맨 위에 있는 점의 수는 몇일까요?

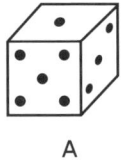
A

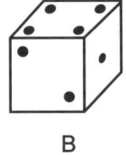
B

Day 003 다음과 같이 종이를 접고 잘라냈습니다. 종이를 폈을 때 어떤 모양이 될까요?

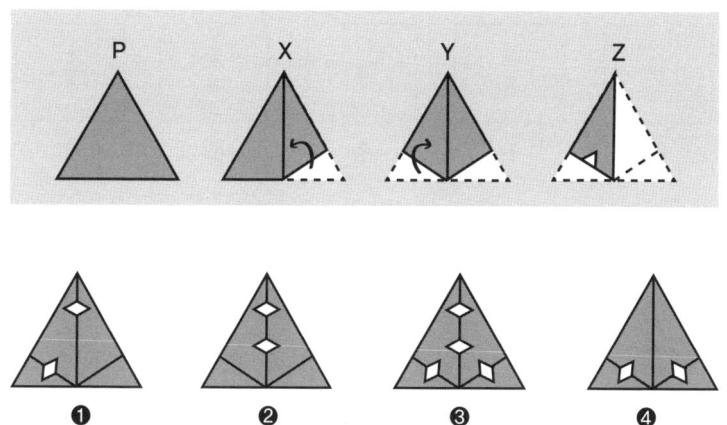

Day 004   다음 다섯 개의 그림들 중 나머지 네 개의 그림과 다른 규칙을 보이는 그림을 골라보세요.

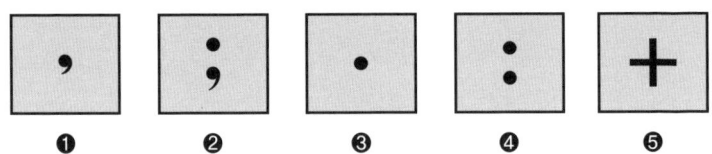

❶   ❷   ❸   ❹   ❺

Day 005　　다음 미로를 벗어나보세요.

Day 001 a
문제와 그림을 통해 a가 b, d, e, f와 이웃하고 있음을 알 수 있습니다. 따라서 a는 c와 마주하고 있음을 알 수 있습니다. 그러므로 정답은 a입니다.

Day 002 3
A, B를 통해 점 1면이 점 2, 3, 4, 5이 이웃하고 있으며, 점 1면과 점 6면이 마주하고 있음을 알 수 있습니다. B는 A를 오른쪽으로 한 칸 굴린 다음 앞으로 한 칸 굴린 모습을 하고 있습니다. 따라서 점 2면 맞은편에는 점 3면이 옴을 알 수 있습니다.

Day 003 ❹
종이를 한 겹 한 겹 머릿속으로 펴보며 잘라진 공간을 되짚어 보세요. 잘 풀리지 않는다면 직접 종이를 접고 잘라보는 것도 좋습니다.

Day 004 ❺
❺를 제외한 나머지는 모두 점 기호입니다.

Day 005

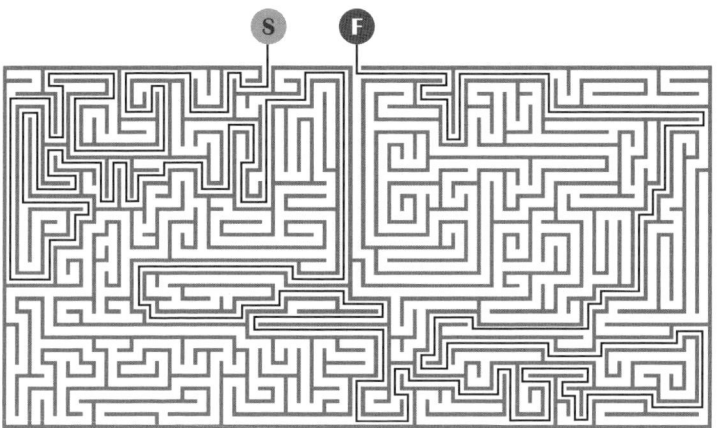

기억법 전문가 조신영의 기억력 향상 **Tip2.**

내가 기억하고 싶은 걸
뇌가 기억하고 싶게 만들어라

≪하루 1분 그림게임≫ 속 문제들을 통해 기억력의 기초를 닦았다면 이제 좀 더 강력한 기억력 향상 방법을 알려드리겠습니다.

1. 해마를 도와주는 편도체를 활성화해라: 감정은 기억을 도와주는 강력한 비밀병기

해마와 인접한 부위로 편도체가 있습니다. 이 편도체는 기억을 다루지는 않지만 우리의 정서적인 정보, 특히 감정을 담당합니다. 기쁨, 슬픔, 두려움, 즐거움과 같은 감정들은 모두 편도체가 담당하는 것이지요. 특히 두려움은 편도체가 가장 예민하게 반응하는 것인데, 이 두려움이 과도해지면 다른 뇌의 기능을 마비시켜 이성적 판단이나 학습에 장애를 줍니다.

그러나 이 감정을 적절히 컨트롤하고 활용한다면 이는 굉장히 강력한 기억의 촉매제로서 해마를 더욱 활성화시키는 역할을 합니다. 실제 내가 경험했던 일이라면 더욱 잘 기억이 나겠죠. 수능을 망쳐서 내가 가고자 하는 대학에 못 갔던 일이 있다면 그 날의 기억은 아주 선명하게 남을 것입니다.

2. 기억의 원리는 연결이다: 알고 있는 배경지식이나 상식이 많을수록 유리

기억이 저장되는 곳은 대뇌피질 전반에 분포하는 수백, 수천억의 뉴런(신경세포)입니다. 또한 수백, 수천조의 시냅스가 각각의 뉴런을 연결해주는 다리 역할을 하고 있구요. 즉 우리의 기억은 따로따로 존재하는 것이 아니라 모두 연결되어 있는 것입니다. 이렇게 형성되어 있는 연결망을 '장기기억 지식망' 또는 '지식 연결망'이라고 부릅니다.

우리가 새로운 정보를 기억하고자 한다면, 이 연결망에 새롭게 연결을 지어주고 연결력을 강화, 유지시켜 주어야 합니다. 당연히 연결망이 촘촘할수록, 즉 아는 게 많을수록 연결 짓기가 쉬워진다는 뜻이 됩니다.

From 35Week

to

52Week

Day 001 주사위를 두 번 굴려서 다음과 같은 모습이 나왔습니다. 만약 점 1면이 가장 바닥에 위치할 때 가장 윗부분에 위치하는 면에 점 개수는 몇일까요?

Day 002 1~6까지의 숫자가 적힌 주사위를 네 번 던져 다음과 같은 모습이 나왔습니다. 주사위가 C 모양으로 놓여있을 때 가장 바닥면에 오는 숫자는 무엇일까요?

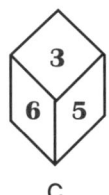

Day 003   다음과 같이 종이를 접고 잘라냈습니다. 종이를 폈을 때 어떤 모양이 될까요?

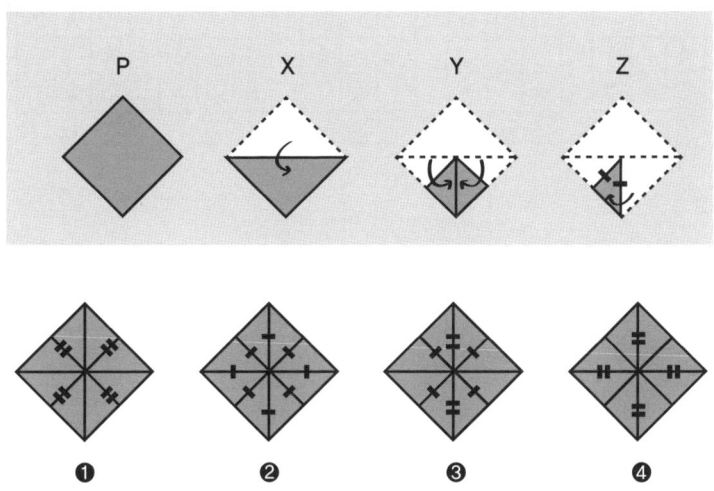

Day 004   다음 다섯 개의 그림들 중 나머지 네 개의 그림과 다른 규칙을 보이는 그림을 골라보세요.

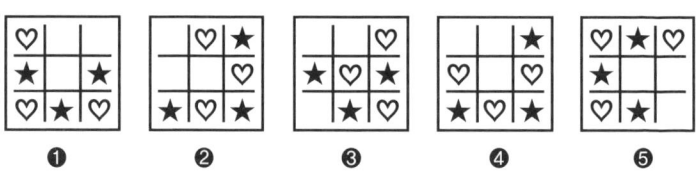

Day 005   다음 미로를 벗어나보세요.

Day 001 3
A, B를 통해 점 3면이 점 2, 4, 5, 6면과 이웃하고 있음을 알 수 있습니다. 따라서 점 3면은 점 1면과 마주하고 있음을 알 수 있습니다. 그러므로 정답은 3입니다.

Day 002 4
A, B, C를 통해 5면이 1, 3, 4, 6면과 이웃함을 알 수 있습니다. 따라서 5면은 2면과 마주합니다. 6면은 3, 4, 5면과 마주하기 때문에 1 또는 2면과 마주할 수 있는데, 2면은 5면과 마주하므로 6은 1면과 마주합니다. 따라서 3면과 마주하는 것은 4면입니다.

Day 003 ❷
종이를 한 겹 한 겹 머릿속으로 펴보며 잘라진 공간을 되짚어 보세요. 잘 풀리지 않는다면 직접 종이를 접고 잘라보는 것도 좋습니다.

Day 004 ❸
그림 ❸을 제외한 나머지 그림들은 모두 가장 중앙에는 어떠한 모양도 그려져 있지 않음을 알 수 있습니다.

Day 005

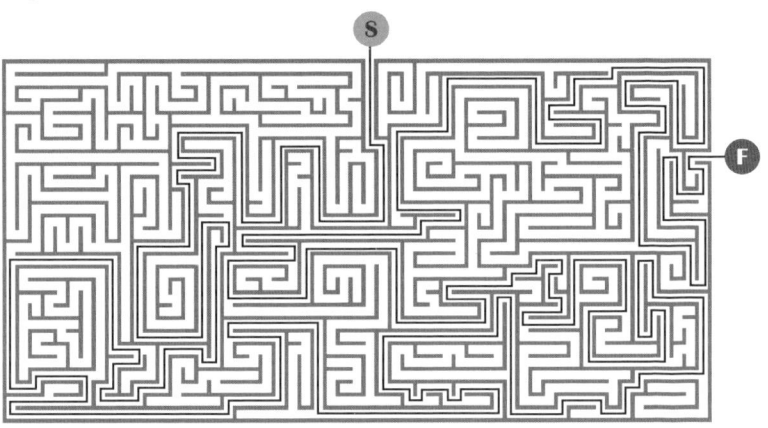

36 Week

Day 001   다음은 주사위를 네 번 던져 얻은 결과입니다. 숫자 3의 맞은편에 오는 숫자는 무엇일까요?

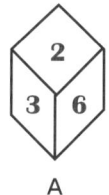 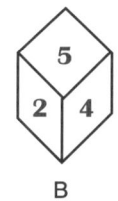 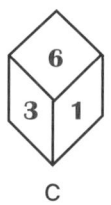 

A　　　　　　B　　　　　　C　　　　　　D

Day 002   다음 다섯 개의 그림들 중 나머지 네 개의 그림과 다른 규칙을 보이는 그림을 골라보세요.

❶　　　　❷　　　　❸　　　　❹　　　　❺

Day 003 다음과 같이 종이를 접고 잘라냈습니다. 종이를 폈을 때 어떤 모양이 될까요?

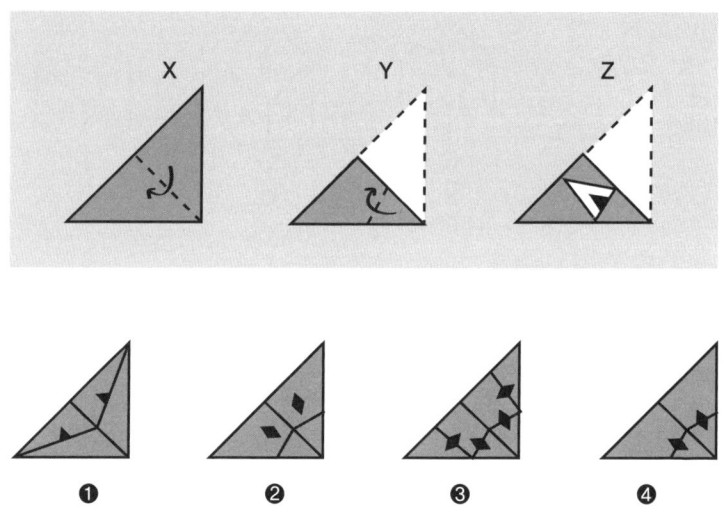

Day 004 다음 중 주어진 규칙을 따르는 그림들을 골라보세요.

★ 규칙 : 폐쇄된 면은 점점 줄고, 안쪽 면은 점점 늘어납니다.

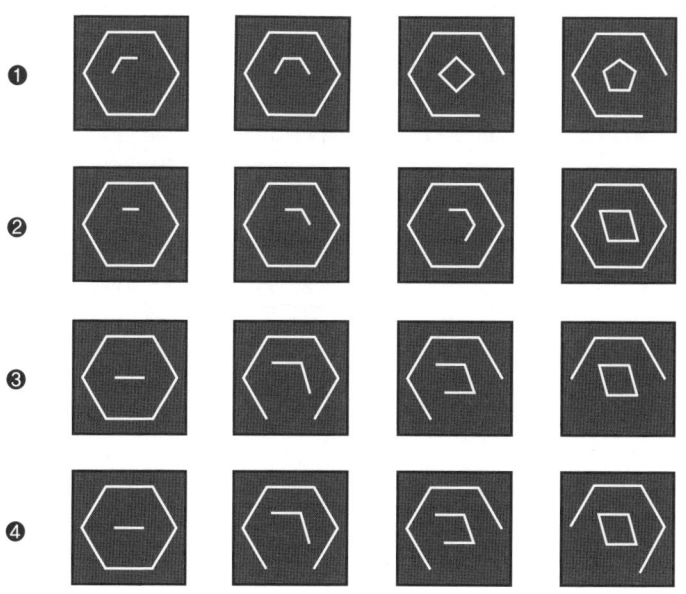

Day 005   다음 미로를 벗어나보세요.

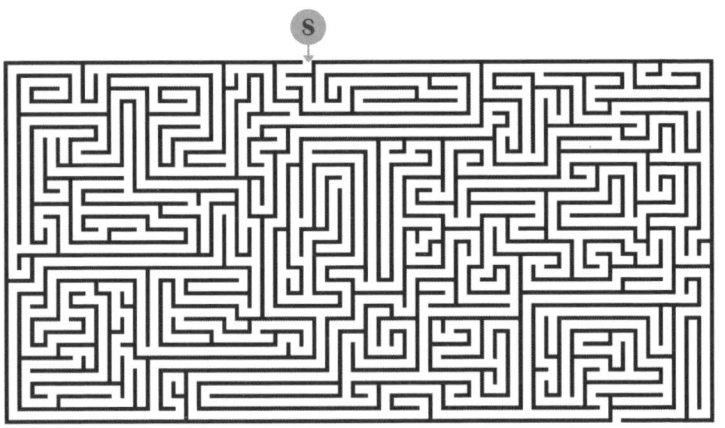

해설

Day 001 4
A, B, C, D를 통해 3이 1, 2, 5, 6과 이웃하고 있음을 알 수 있습니다. 따라서 3의 맞은편에 오는 숫자는 4입니다.

Day 002 ❹
그림 ❹를 제외한 나머지 그림들은 화살표 두 개 중 하나가 원의 중심을 향하고 있습니다

Day 003 ❹
종이를 한 겹 한 겹 머릿속으로 펴보며 잘라진 공간을 되짚어 보세요. 잘 풀리지 않는다면 직접 종이를 접고 잘라보는 것도 좋습니다.

Day 004 ❸
폐쇄되어 있던 바깥쪽 도형의 변이 줄어들고 안쪽에 있던 직선이 도형의 모양을 갖추며 폐쇄됩니다.

Day 005

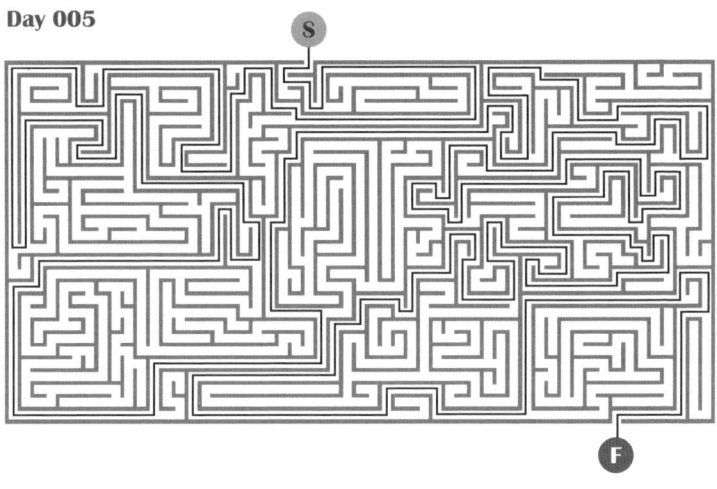

Day 001   각 면에 점, 원, 삼각형, 사각형, 십자형, 화살표 기호가 그려진 주사위가 있습니다. 그 주사위를 여러 번 던져서 다음과 같은 결과가 나왔습니다. Y의 모습으로 주사위가 놓여있을 때 바닥면에 오는 기호는 무엇인가요?

Day 002   다음 다섯 개의 그림들 중 나머지 네 개의 그림과 다른 규칙을 보이는 그림을 골라보세요.

Day 003   다음과 같이 종이를 접고 잘라냈습니다. 종이를 폈을 때 어떤 모양이 될까요?

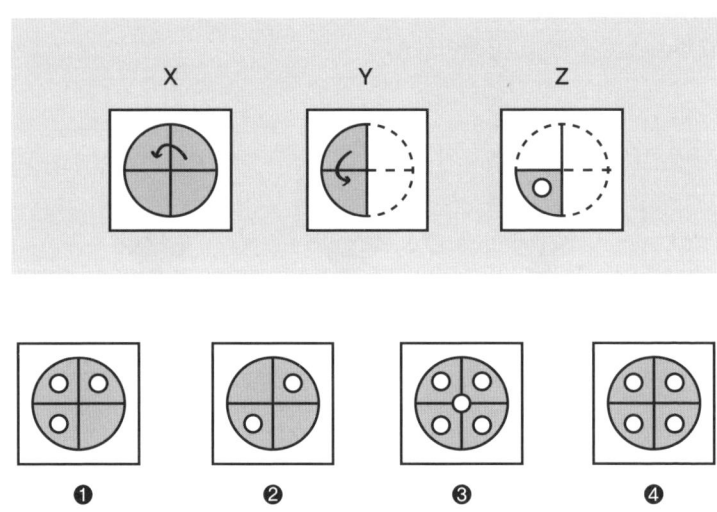

Day 004   다음 중 주어진 규칙을 따르는 그림들을 골라보세요.

★ 규칙 : 모양의 변형 없이 단 하나의 실선으로 그릴 수 있다.

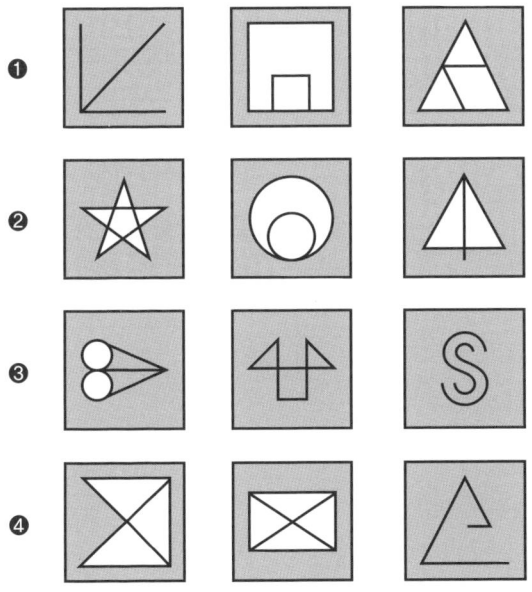

Day 005   다음 미로를 벗어나보세요.

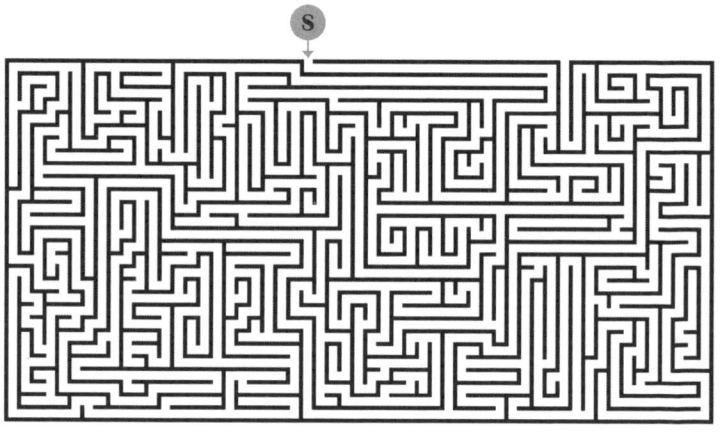

Day 001 원

X, Y, Y를 통해 삼각형이 점, 원, 사각형, 십자형과 이웃하고 있음을 알 수 있습니다. 따라서 삼각형의 반대쪽에는 화살표가 오게 됩니다. X와 Z를 통해 원이 삼각형, 점, 십자형, 화살표와 이웃함을 알 수 있습니다. 따라서 정사각형은 원의 맞은편에 있음을 알 수 있습니다. 그러므로 Y 모양으로 있을 때, 바닥면에는 원이 오게 됩니다.

Day 002 ❷

그림 ❷를 제외한 나머지 그림들은 모두 같은 그림이 각도만 달리하고 있는 모습입니다.

Day 003 ❹

종이를 한 겹 한 겹 머릿속으로 펴보며 잘라진 공간을 되짚어 보세요. 잘 풀리지 않는다면 직접 종이를 접고 잘라보는 것도 좋습니다.

Day 004 ❷

펜을 떼지 않고 한 번에 그릴 수 있는 도형들을 찾으면 됩니다.

Day 005

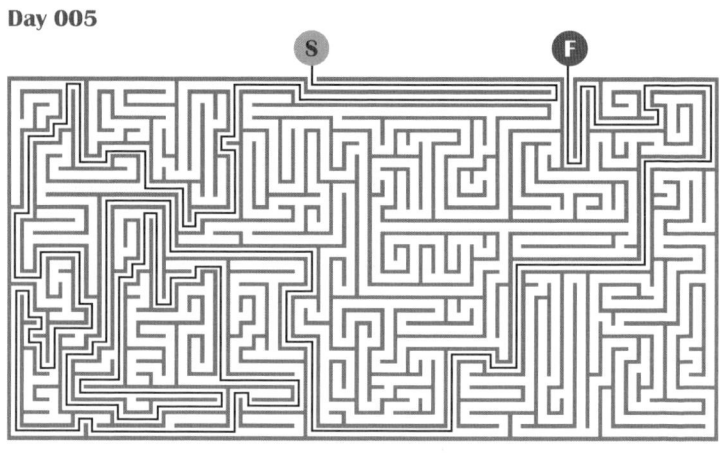

Day 001 1~6까지 숫자가 쓰여진 주사위가 있습니다. 1이 2, 4, 6과 이웃한다면 다음 중 어떤 것이 참일까요?

❶ 2는 6과 마주보고 있습니다.
❷ 1은 3과 인접합니다.
❸ 3은 5와 인접합니다.
❹ 3은 5와 마주보고 있습니다.

Day 002 다음 다섯 개의 그림들 중 나머지 네 개의 그림과 다른 규칙을 보이는 그림을 골라보세요.

   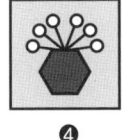 
❶　　　　❷　　　　❸　　　　❹　　　　❺

Day 003   다음과 같이 종이를 접고 잘라냈습니다. 종이를 폈을 때 어떤 모양이 될까요?

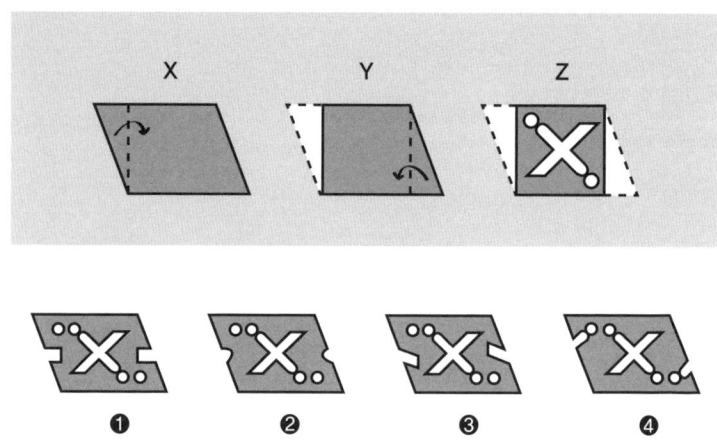

Day 004 다음 중 주어진 규칙을 따르는 그림들을 골라보세요.

★ 규칙 : 점차 커지고 점점 개방되어 감에 따라 점점 문이 닫혀 간다.

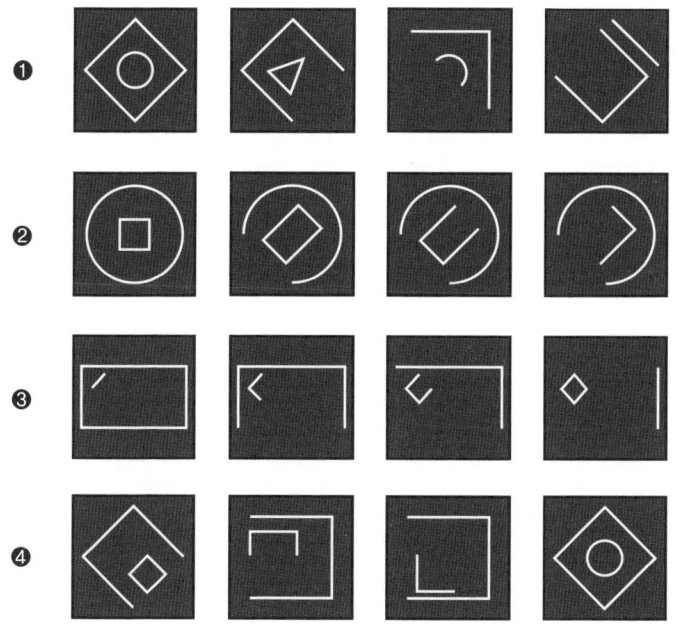

Day 005 다음 미로를 벗어나보세요.

Day 001 ❸
1이 2, 4, 6과 이웃한다는 조건에서 3 또는 5가 1과 마주보고 있다는 사실을 유추할 수 있습니다. 따라서 숫자 3, 5 중 하나는 1의 맞은편에, 다른 하나는 1과 이웃하고 있음을 알 수 있습니다. 이것은 3과 5는 서로 맞은편에 있을 수 없음을 의미합니다. 그러므로 3과 5는 인접하다는 것이 정답입니다.

Day 002 ❶
그림 ❶만 도형의 변이 아닌 꼭짓점에서 직선들이 생성되고 있습니다.

Day 003 ❹
종이를 한 겹 한 겹 머릿속으로 펴보며 잘라진 공간을 되짚어 보세요. 잘 풀리지 않는다면 직접 종이를 접고 잘라보는 것도 좋습니다.

Day 004 ❸
겉에 있는 도형의 변이 줄어들며 개방되어가고, 안에 있는 직선이 도형이 되면서 점점 닫혀갑니다.

Day 005

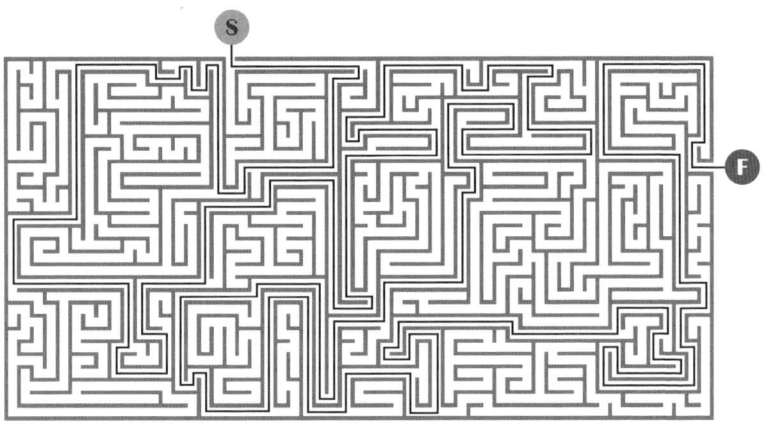

Day 001 다음은 주사위를 네 번 던져 나온 결과입니다. 숫자 6과 마주보고 있는 숫자는 몇일까요?

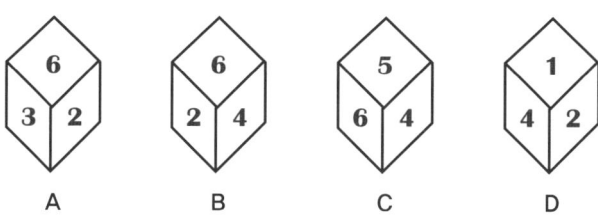

Day 002 다음 다섯 개의 그림들 중 나머지 네 개의 그림과 다른 규칙을 보이는 그림을 골라보세요.

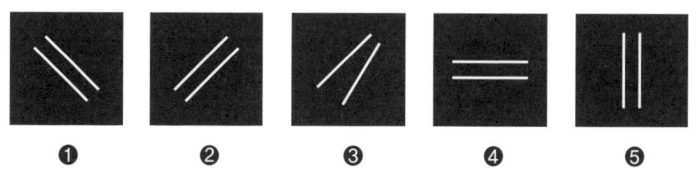

Day 003

다음과 같이 종이를 접고 잘라냈습니다. 종이를 폈을 때 어떤 모양이 될까요?

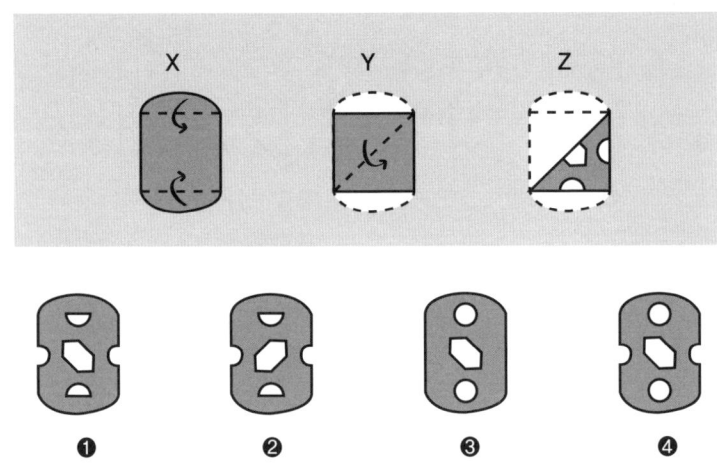

Day **004**　　　다음 중 주어진 규칙을 따르는 그림들을 골라보세요.

★ 규칙 : 폐쇄된 것이 점점 더 개방되어감에 따라 점점 더 폐쇄된다.

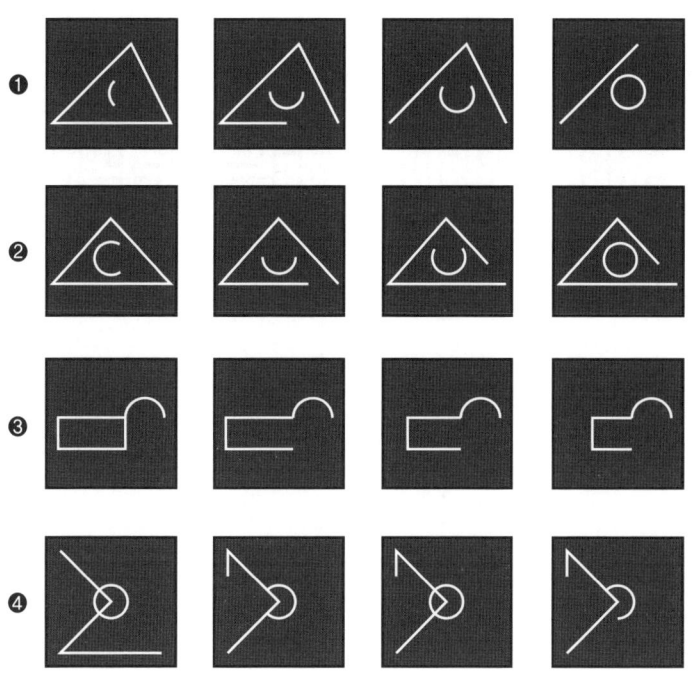

Day 005   다음 미로를 벗어나보세요.

Day 001 1
6이 2, 3, 4, 5와 이웃하고 있음을 알 수 있습니다. 따라서 6과 마주보는 숫자는 1일 수밖에 없습니다.

Day 002 ❸
그림 ❸을 제외한 나머지 그림들은 모두 두 직선이 평행합니다.

Day 003 ❹
종이를 한 겹 한 겹 머릿속으로 펴보며 잘라진 공간을 되짚어 보세요. 잘 풀리지 않는다면 직접 종이를 접고 잘라보는 것도 좋습니다.

Day 004 ❶
바깥쪽 도형이 점차 열리고 있고 안쪽 원이 점차 닫히고 있습니다.

Day 005

Day 001 다음 중 서로 마주보는 면끼리 점의 합이 항상 7 인 주사위는 무엇일까요?

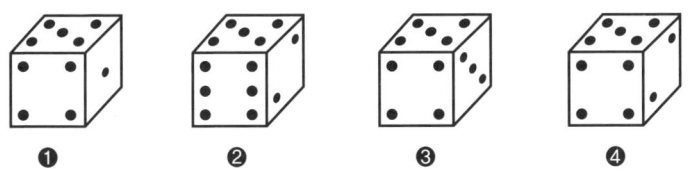

Day 002 다음 다섯 개의 그림들 중 나머지 네 개의 그림과 다른 규칙을 보이는 그림을 골라보세요.

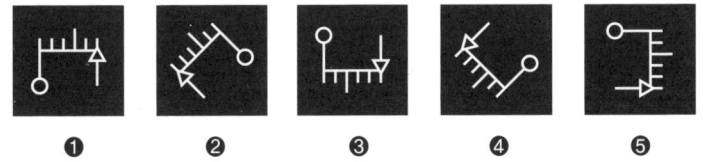

Day 003 다음과 같이 종이를 접고 잘라냈습니다. 종이를 폈을 때 어떤 모양이 될까요?

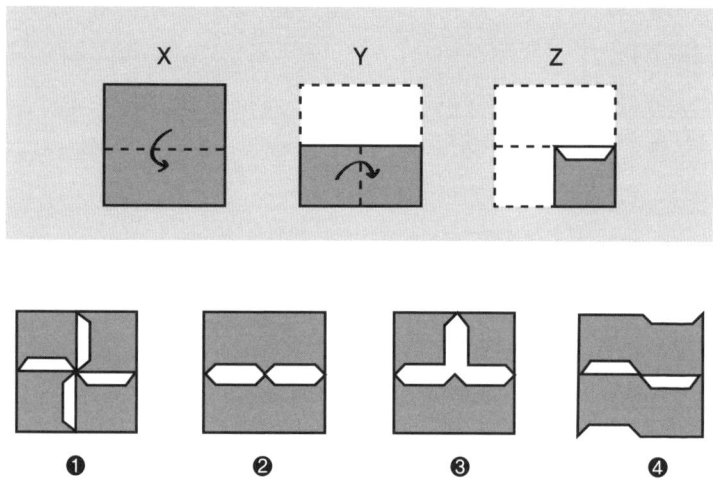

Day **004**   다음 중 주어진 규칙을 따르는 그림들을 골라보세요.

★ 규칙 : 점차 복잡해진다.

Day **005**   다음 미로를 벗어나보세요.

Day 001 ❶
마주보는 면끼리 점의 합이 항상 7이려면 1과 6, 2와 5, 3과 4가 마주보고 있어야 합니다. 그에 부합한 모습을 보이는 주사위는 바로 ❶입니다.

Day 002 ❶
그림 ❶을 제외한 나머지 그림들은 동그란핀 모양에 가깝게 짧은 선 두 개, 화살표 모양에 가깝게 선 세 개가 그려져 있습니다.

Day 003 ❷
종이를 한 겹 한 겹 머릿속으로 펴보며 잘라진 공간을 되짚어 보세요. 잘 풀리지 않는다면 직접 종이를 접고 잘라보는 것도 좋습니다.

Day 004 ❷
점점 순차적으로 복잡해지는 것을 찾으면 됩니다. 이 때 복잡해졌다가 복잡하지 않다가를 오락가락하는 것은 답이 될 수 없습니다.

Day 005

Day 001 다음은 주사위를 세 번 굴려 나온 결과입니다. 주사위가 Z 모양으로 있을 때, 5와 6사이에 있는 숫자 두 개를 더한 값은 얼마인가요?

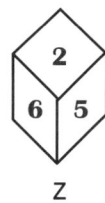

X   Y   Z

Day 002   다음과 같이 종이를 접고 잘라냈습니다. 종이를 폈을 때 어떤 모양이 될까요?

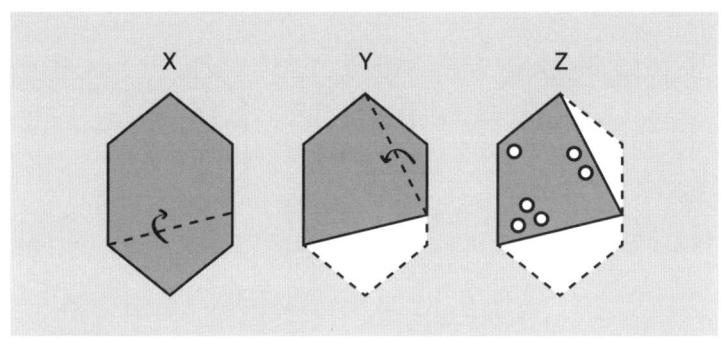

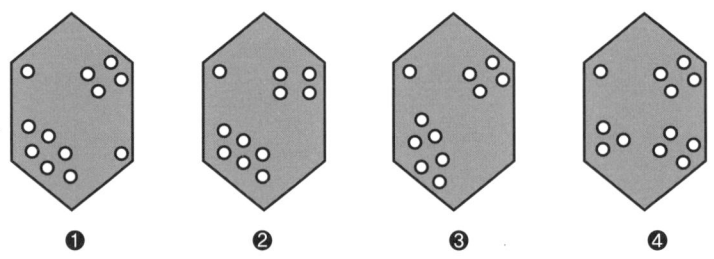

Day 003   다음 중 주어진 규칙을 따르는 그림들을 골라보세요.

★ 규칙 : 폐쇄된 것이 점점 개방되고 있다.

Day 004 다음 다섯 개의 그림들 중 나머지 네 개의 그림과 다른 규칙을 보이는 그림을 골라보세요.

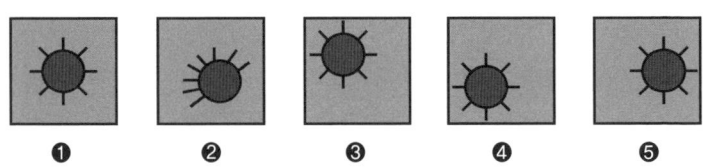

❶　　❷　　❸　　❹　　❺

Day 005 다음 다섯 개의 그림들 중 나머지 네 개의 그림과 다른 규칙을 보이는 그림을 골라보세요.

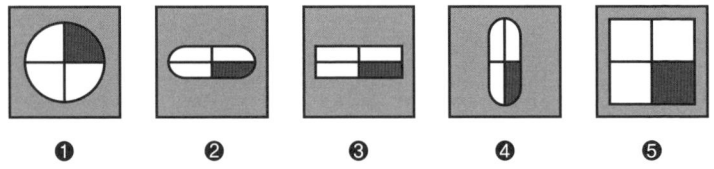

❶　　❷　　❸　　❹　　❺

Day 001 4

5는 1, 2, 4, 6과 이웃하고 있음을 알 수 있습니다. 따라서 5의 맞은편에는 3이 있습니다. 6은 2, 3, 4, 5와 이웃하고 있으므로 1과 마주보고 있음을 알 수 있습니다. 따라서 정답은 4입니다.

Day 002 ❸

종이를 한 겹 한 겹 머릿속으로 펴보며 잘라진 공간을 되짚어 보세요. 잘 풀리지 않는다면 직접 종이를 접고 잘라보는 것도 좋습니다.

Day 003 ❶

갑자기 확 개방되는 ❷가 아닌, '점점' 순차적으로 개방되고 있는 ❶이 정답입니다.

Day 004 ❷

그림 ❷만 동그라미의 한 쪽으로 선들이 치우쳐 있습니다.

Day 005 ❶

그림 ❶을 제외하고 모두 그림의 아래쪽에 색칠이 되어 있습니다.

Day 001 1~6까지 쓰여져 있으며, 서로 마주보는 면의 합이 동일한 주사위를 네 번 던졌을 때, 주사위 윗면에 나온 숫자는 각각 4, 3, 1, 5였습니다. 그렇다면 바닥에 있는 숫자를 합한 값은 얼마일까요?

Day 002 다음과 같이 종이를 접고 잘라냈습니다. 종이를 폈을 때 어떤 모양이 될까요?

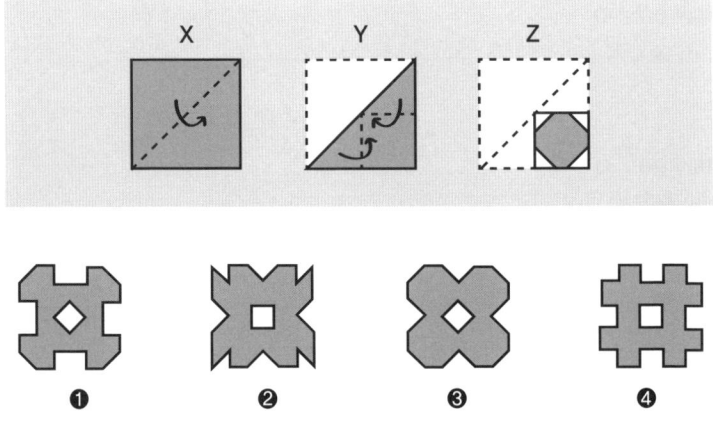

Day 003   다음 중 주어진 규칙을 따르는 그림들을 골라보세요.

★ 규칙 : 폐쇄된 것이 점점 더 개방되어 감에 따라 점점 더 폐쇄적이 되고 있다.

Day 004   다음 다섯 개의 그림들 중 나머지 네 개의 그림과 다른 규칙을 보이는 그림을 골라보세요.

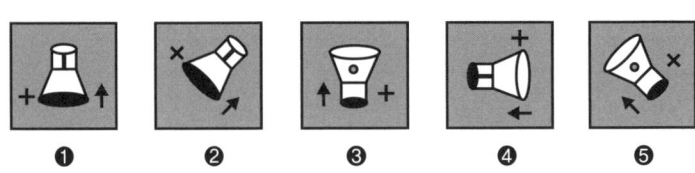

Day 005   다음과 같이 종이를 접고 잘라냈습니다. 종이를 폈을 때 어떤 모양이 될까요?

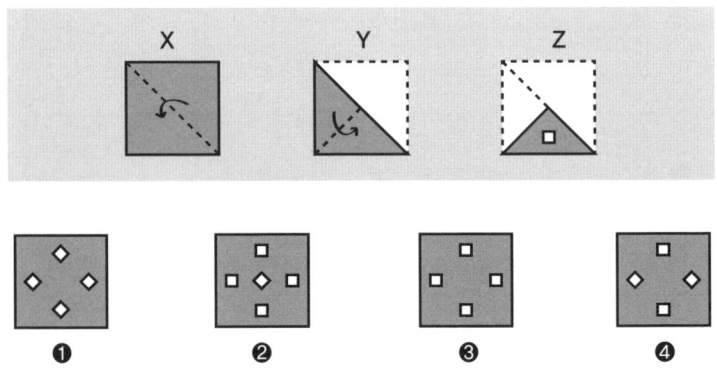

해설

Day 001 15
서로 마주보는 면의 합이 동일한 주사위라면 1과 6, 2와 5, 3과 4가 마주보고 있어야 합니다. 따라서 4, 3, 1, 5의 반대쪽에 있는 숫자 3, 4, 6, 2를 모두 합한 15가 정답입니다.

Day 002 ❸
종이를 한 겹 한 겹 머릿속으로 펴보며 잘라진 공간을 되짚어 보세요. 잘 풀리지 않는다면 직접 종이를 접고 잘라보는 것도 좋습니다.

Day 003 ❷
바깥쪽 원 두 개가 점점 개방되면서 안쪽 삼각형이 점점 폐쇄되고 있습니다.

Day 004 ❹
그림 ❹를 제외한 다른 그림들은 모두 화살표가 검은색이 칠해진 부분과 반대 방향을 향하고 있습니다.

Day 005 ❸
종이를 한 겹 한 겹 머릿속으로 펴보며 잘라진 공간을 되짚어 보세요. 잘 풀리지 않는다면 직접 종이를 접고 잘라보는 것도 좋습니다.

Day 001 다음은 주사위를 네 번 굴려 나온 결과입니다. 숫자 4의 맞은편에 있는 숫자는 무엇인가요?

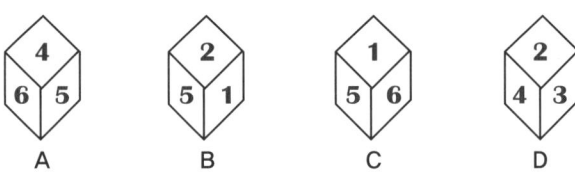

Day 002 다음과 같이 종이를 접고 잘라냈습니다. 종이를 폈을 때 어떤 모양이 될까요?

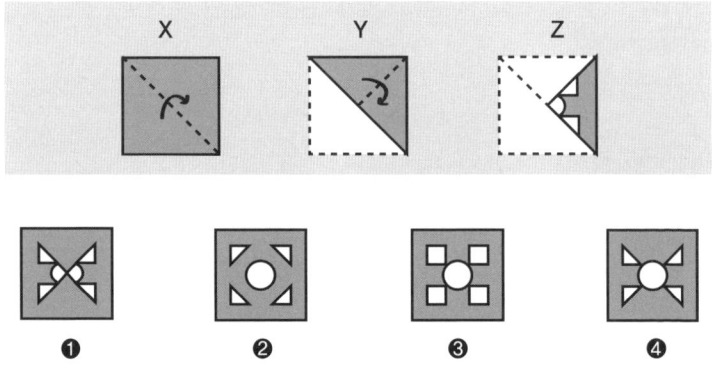

Day 003   다음 중 주어진 규칙을 따르는 그림들을 골라보세요.

★ 규칙 : 폐쇄된 것이 점점 더 개방되어 감에 따라 점점 더 폐쇄적이 되고 있다.

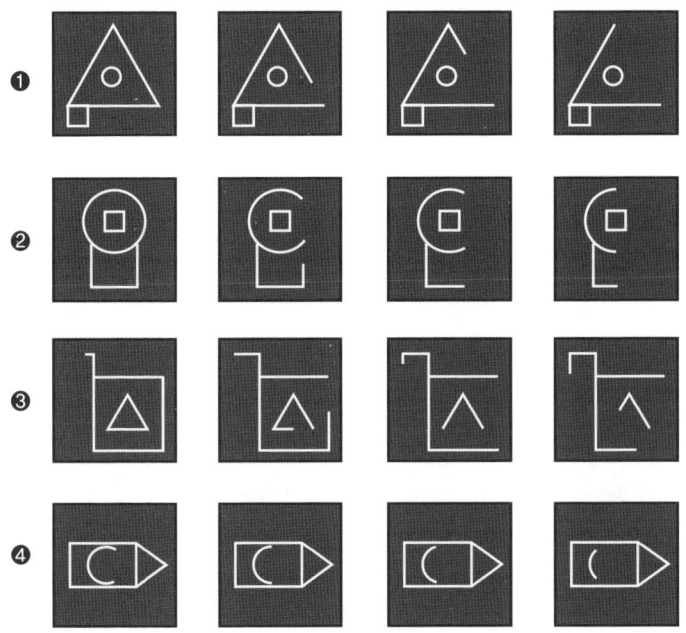

Day 004   다음 다섯 개의 그림들 중 나머지 네 개의 그림과 다른 규칙을 보이는 그림을 골라보세요.

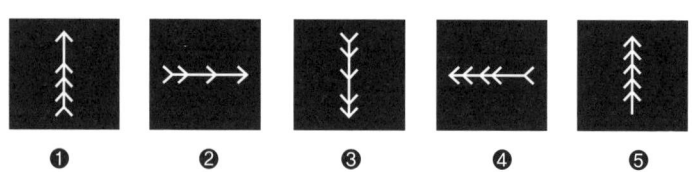

Day 005   다음과 같이 종이를 접고 잘라냈습니다. 종이를 폈을 때 어떤 모양이 될까요?

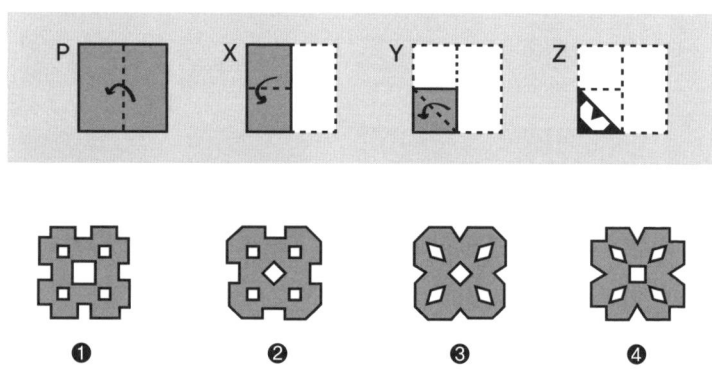

Day 001 1
4는 2, 3, 5, 6과 이웃하고 있음을 알 수 있습니다. 따라서 4는 1과 마주보고 있습니다.

Day 002 ❸
종이를 한 겹 한 겹 머릿속으로 펴보며 잘라진 공간을 되짚어 보세요. 잘 풀리지 않는다면 직접 종이를 접고 잘라보는 것도 좋습니다.

Day 003 ❸
사각형과 삼각형이 점점 개방되고 있지만 사각형에서 나온 직선이 점점 폐쇄적으로 바뀌고 있습니다.

Day 004 ❷
그림 ❷를 제외한 나머지 그림들은 모두 화살촉이 5개입니다.

Day 005 ❸
종이를 한 겹 한 겹 머릿속으로 펴보며 잘라진 공간을 되짚어 보세요. 잘 풀리지 않는다면 직접 종이를 접고 잘라보는 것도 좋습니다.

Day 001   다음 다섯 개의 그림들 중 나머지 네 개의 그림과 다른 규칙을 보이는 그림을 골라보세요.

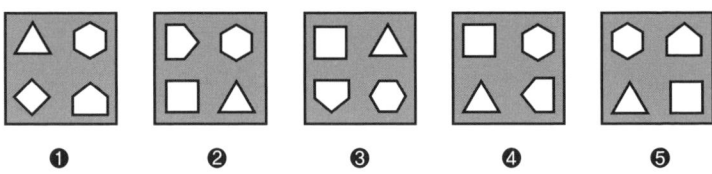

Day 002   다음과 같이 종이를 접고 잘라냈습니다. 종이를 폈을 때 어떤 모양이 될까요?

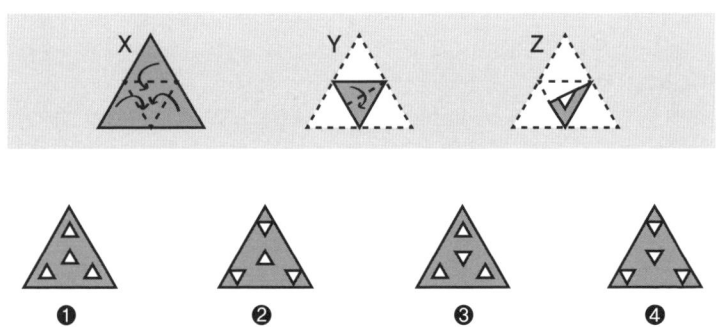

Day 003 다음 중 주어진 규칙을 따르는 그림들을 골라보세요.

★ 규칙 : 폐쇄된 것이 점점 더 개방되어 감에 따라 점점 더 폐쇄적이 되고 있다.

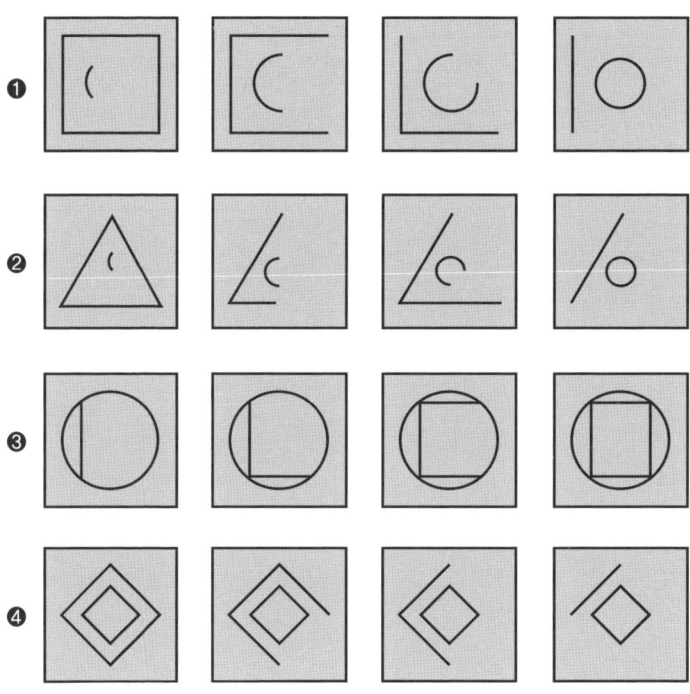

Day 004 다음 다섯 개의 그림들 중 나머지 네 개의 그림과 다른 규칙을 보이는 그림을 골라보세요.

❶   ❷   ❸   ❹   ❺

Day **005**   다음과 같이 종이를 접고 잘라냈습니다. 종이를 폈을 때 어떤 모양이 될까요?

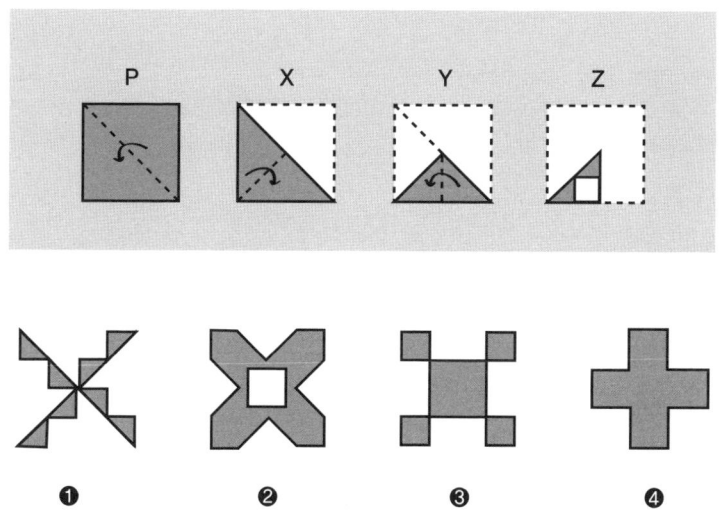

Day 001 ❹
그림 ❹를 제외하고 나머지 그림들은 모두 삼각형-사각형-오각형-육각형 순으로 시계방향 또는 시계 반대방향으로 놓여있습니다.

Day 002 ❸
종이를 한 겹 한 겹 머릿속으로 펴보며 잘라진 공간을 되짚어 보세요. 잘 풀리지 않는다면 직접 종이를 접고 잘라보는 것도 좋습니다.

Day 003 ❶
닫혀있던 사각형이 열리면서 안쪽 원이 완성되어가며 닫히고 있습니다.

Day 004 ❺
그림 ❺를 제외한 나머지 그림들은 왼쪽 화살표가 2개, 오른쪽 화살표가 1개씩 나옵니다.

Day 005 ❸
종이를 한 겹 한 겹 머릿속으로 펴보며 잘라진 공간을 되짚어 보세요. 잘 풀리지 않는다면 직접 종이를 접고 잘라보는 것도 좋습니다.

Day **001** 다음과 같이 종이를 접고 잘라냈습니다. 종이를 폈을 때 어떤 모양이 될까요?

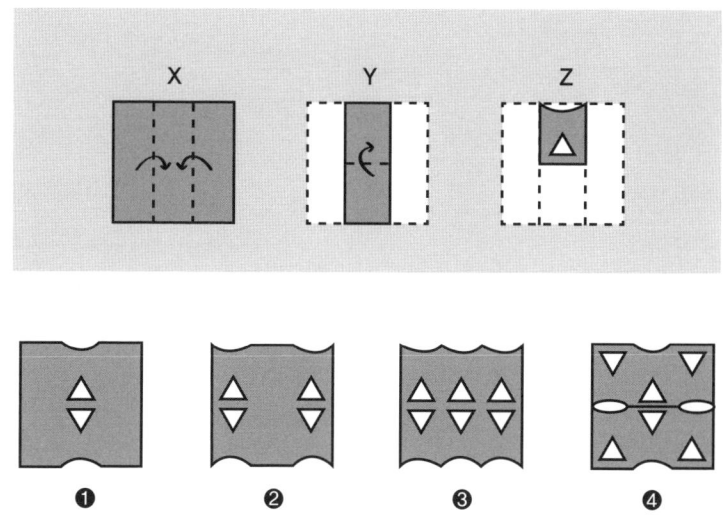

Day 002 다음과 같이 종이를 접고 잘라냈습니다. 종이를 폈을 때 어떤 모양이 될까요?

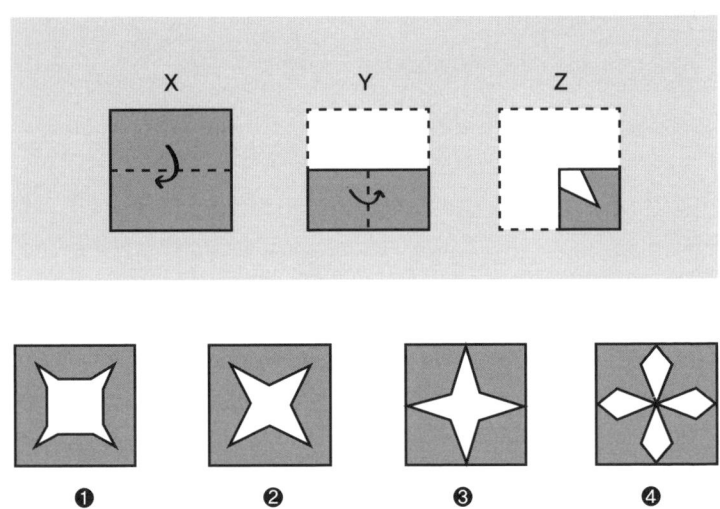

Day 003 다음 중 주어진 규칙을 따르는 그림들을 골라보세요.

★ 규칙 : 점점 더 간단해진다.

Day 004   다음 다섯 개의 그림들 중 나머지 네 개의 그림과 다른 규칙을 보이는 그림을 골라보세요.

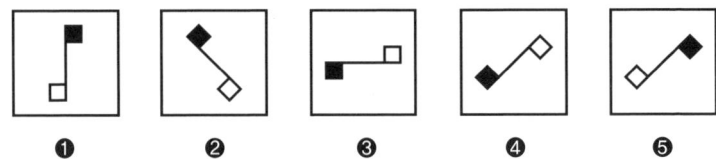

❶　　　　❷　　　　❸　　　　❹　　　　❺

Day 005　　다음 중 주어진 규칙을 따르는 그림들을 골라보세요.

★ 규칙 : 원의 크기가 줄어들수록 면이 늘어난다.

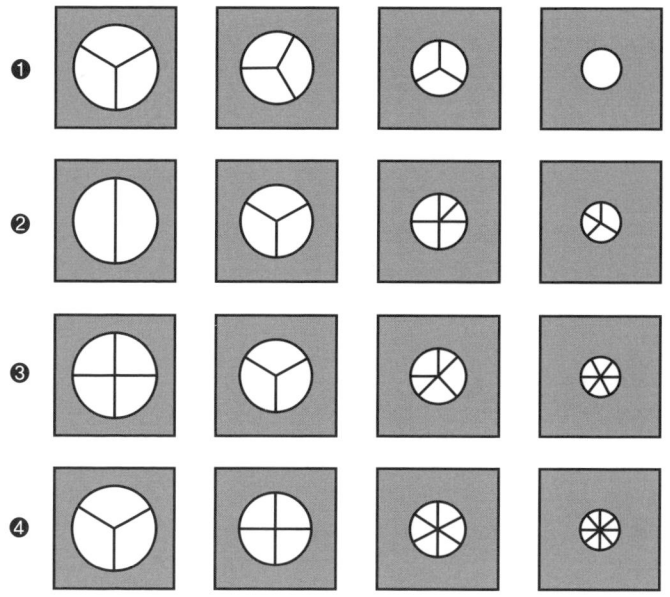

해설

Day 001 ❸
종이를 한 겹 한 겹 머릿속으로 펴보며 잘라진 공간을 되짚어 보세요. 잘 풀리지 않는다면 직접 종이를 접고 잘라보는 것도 좋습니다.

Day 002 ❷
종이를 한 겹 한 겹 머릿속으로 펴보며 잘라진 공간을 되짚어 보세요. 잘 풀리지 않는다면 직접 종이를 접고 잘라보는 것도 좋습니다.

Day 003 ❸
순차적으로 간단해지는 그림을 찾으면 됩니다. 갑자기 많은 그림이 간단해지거나 중간에 다시 복잡해지는 것은 답이 될 수 없습니다.

Day 004 ❸
그림 ❸을 제외한 나머지 그림들은 모두 같은 그림이 돌아가고 있는 모습입니다.

Day 005 ❹
그림 ❹가 원의 크기는 줄어들면서 원의 면이 점점 늘어나고 있습니다.

Day 001 각 면에 화살표, 점, 사각형, 삼각형, 원, 십자형의 기호가 그려진 주사위가 있습니다. 다음은 주사위를 세 번 던져 얻은 결과입니다. 점이 있는 면의 반대편에 있는 기호는 무엇일까요?

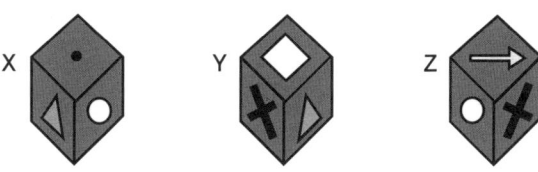

Day 002 다음과 같이 종이를 접고 잘라냈습니다. 종이를 폈을 때 어떤 모양이 될까요?

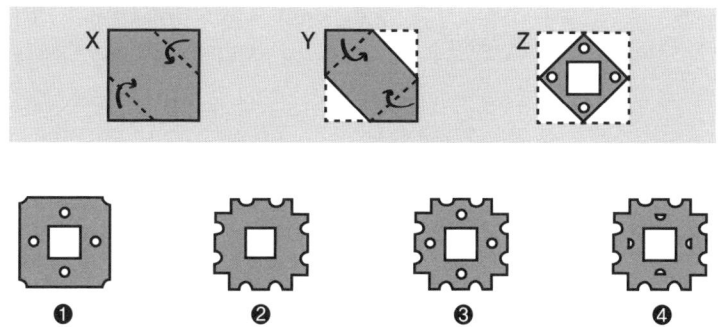

Day 003   다음 중 주어진 규칙을 따르는 그림들을 골라보세요.

★ 규칙 : 진행될수록 점점 더 복잡해진다.

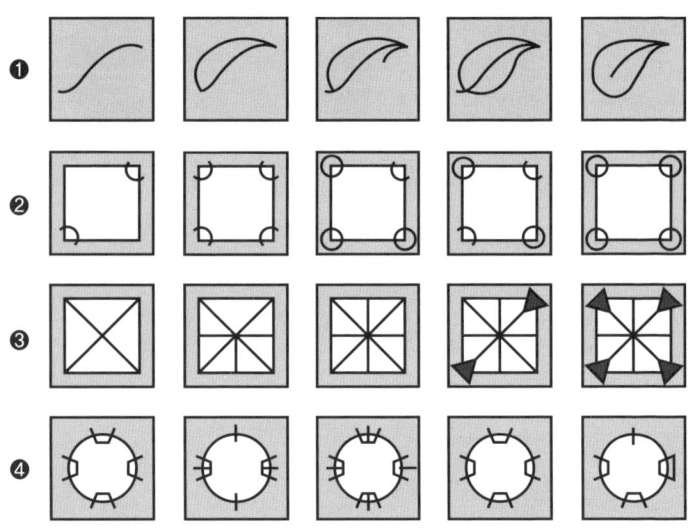

Day 004   다음 다섯 개의 그림들 중 나머지 네 개의 그림과 다른 규칙을 보이는 그림을 골라보세요.

Day 005   다음과 같이 종이를 접고 잘라냈습니다. 종이를 폈을 때 어떤 모양이 될까요?

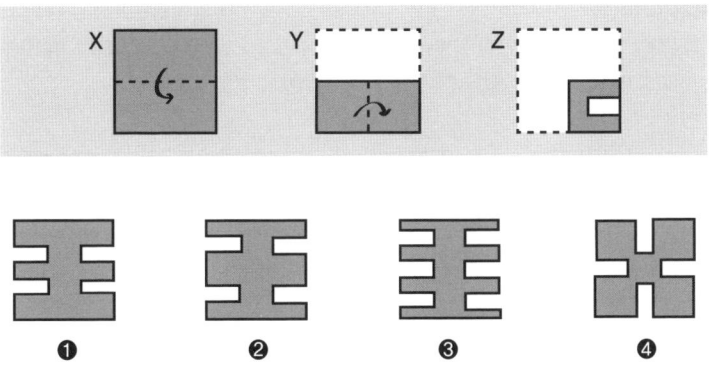

Day 001 십자형
(X), (Y)를 통해 삼각형 기호는 점, 원, 십자형, 사각형과 이웃함을 알 수 있습니다. 따라서 삼각형의 반대쪽에는 화살표가 있습니다. 또한 X, Z를 통해 동그라미 기호는 삼각형, 화살표, 십자형, 점과 이웃함을 알 수 있습니다. 즉, 동그라미의 반대편에는 사각형이 있습니다. 따라서 점의 반대편에는 십자형이 있음을 알 수 있습니다.

Day 002 ❸
종이를 한 겹 한 겹 머릿속으로 펴보며 잘라진 공간을 되짚어 보세요. 잘 풀리지 않는다면 직접 종이를 접고 잘라보는 것도 좋습니다.

Day 003 ❸
❸번 그림들만 순차적으로 복잡해지고 있습니다.

Day 004 ❷
그림 ❶과 그림 ❸은 서로 다른 방향으로 회전되어 있고, 그림 ❹와 그림 ❺는 마주보듯 반전되어 있습니다. 그림 ❷만 반전되거나 회전된 그림을 찾을 수 없습니다.

Day 005 ❷
종이를 한 겹 한 겹 머릿속으로 펴보며 잘라진 공간을 되짚어 보세요. 잘 풀리지 않는다면 직접 종이를 접고 잘라보는 것도 좋습니다.

Day 001   다음 중 〈보기〉를 포함하고 있는 그림을 고르세요.

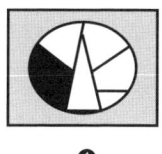

❶

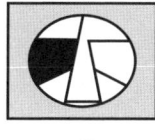

❷

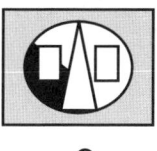

❸

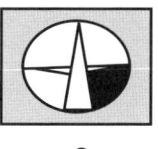

❹

Day 002 다음과 같이 종이를 접고 잘라냈습니다. 종이를 폈을 때 어떤 모양이 될까요?

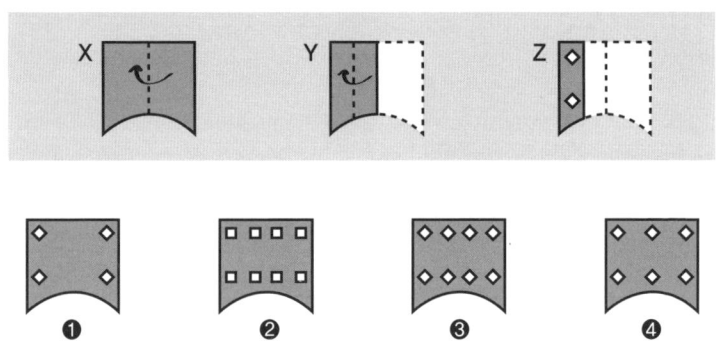

Day 003 다음 다섯 개의 그림들 중 나머지 네 개의 그림과 다른 규칙을 보이는 그림을 골라보세요.

Day 004   다음과 같이 종이를 접고 잘라냈습니다. 종이를 폈을 때 어떤 모양이 될까요?

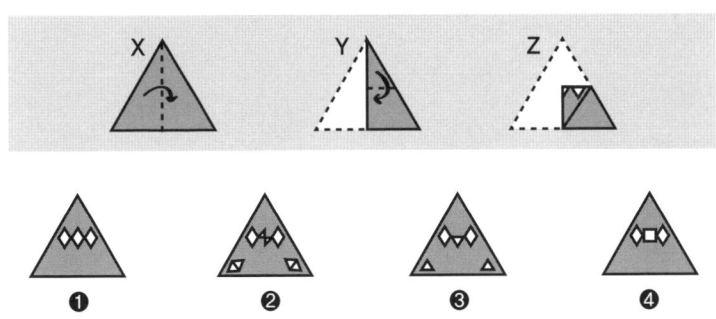

Day 005   다음 다섯 개의 그림들 중 나머지 네 개의 그림과 다른 규칙을 보이는 그림을 골라보세요.

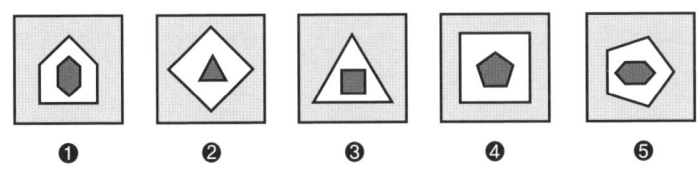

Day 001 ❷

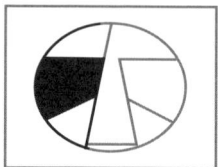

Day 002 ❸
종이를 한 겹 한 겹 머릿속으로 펴보며 잘라진 공간을 되짚어 보세요. 잘 풀리지 않는다면 직접 종이를 접고 잘라보는 것도 좋습니다.

Day 003 ❶
그림 ❶을 제외한 나머지 그림들은 모두 같은 그림이 회전하여 나타내는 모양입니다.

Day 004 ❶
종이를 한 겹 한 겹 머릿속으로 펴보며 잘라진 공간을 되짚어 보세요. 잘 풀리지 않는다면 직접 종이를 접고 잘라보는 것도 좋습니다.

Day 005 ❷
그림 ❷를 제외하고 나머지 그림들은 안쪽 도형에 변의 수가 바깥쪽 도형에 변의 수보다 많습니다.

Day 001 다음 중 〈보기〉를 포함하고 있는 그림을 고르세요.

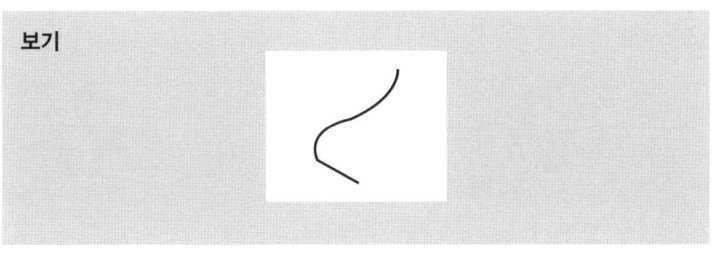

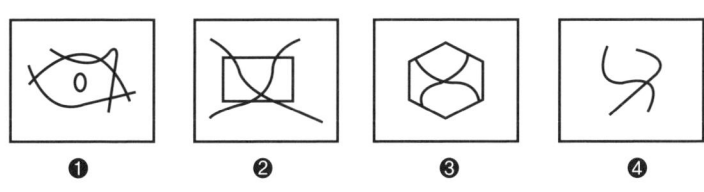

❶ ❷ ❸ ❹

Day 002 다음과 같이 종이를 접고 잘라냈습니다. 종이를 폈을 때 어떤 모양이 될까요?

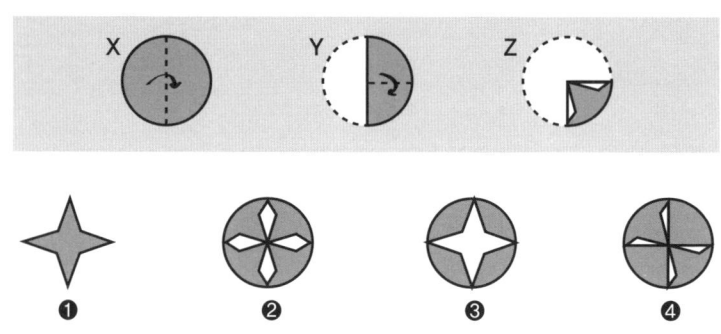

Day 003 다음 다섯 개의 그림들 중 나머지 네 개의 그림과 다른 규칙을 보이는 그림을 골라보세요.

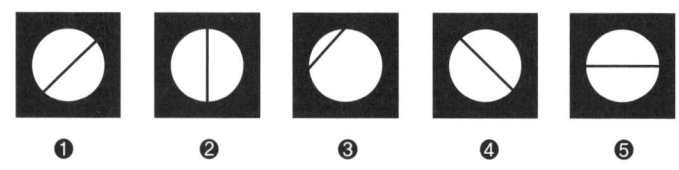

Day 004   다음과 같이 종이를 접고 잘라냈습니다. 종이를 폈을 때 어떤 모양이 될까요?

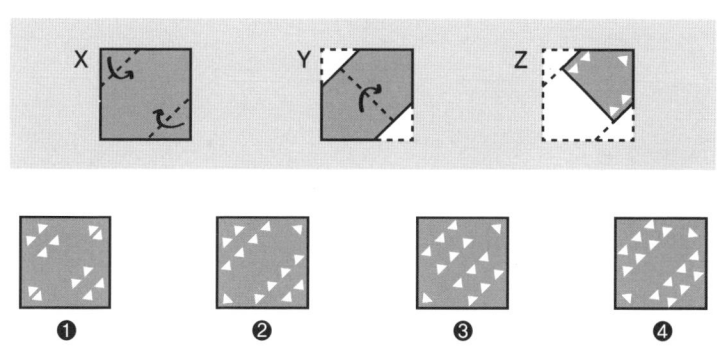

Day 005   다음 다섯 개의 그림들 중 나머지 네 개의 그림과 다른 규칙을 보이는 그림을 골라보세요.

Day 001 ❷

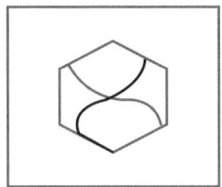

Day 002 ❷
종이를 한 겹 한 겹 머릿속으로 펴보며 잘라진 공간을 되짚어 보세요. 잘 풀리지 않는다면 직접 종이를 접고 잘라보는 것도 좋습니다.

Day 003 ❸
그림 ❸을 제외한 나머지 그림들에서 직선은 원의 지름입니다.

Day 004 ❷
종이를 한 겹 한 겹 머릿속으로 펴보며 잘라진 공간을 되짚어 보세요. 잘 풀리지 않는다면 직접 종이를 접고 잘라보는 것도 좋습니다.

Day 005 ❶
그림 ❶을 제외하고 나머지 그림들은 같은 그림이 회전하고 있는 모습입니다.

Day 001 다음 중 〈보기〉를 포함하고 있는 그림을 고르세요.

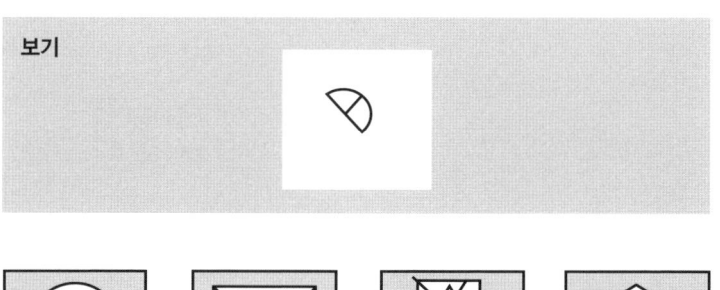

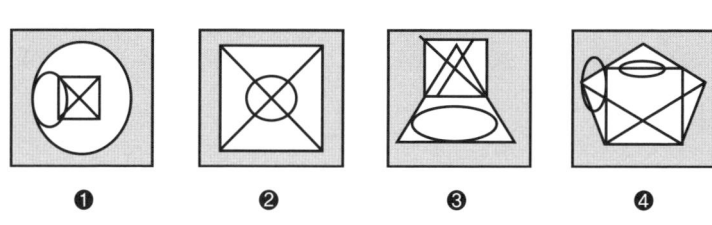

Day 002   다음과 같이 종이를 접고 잘라냈습니다. 종이를 폈을 때 어떤 모양이 될까요?

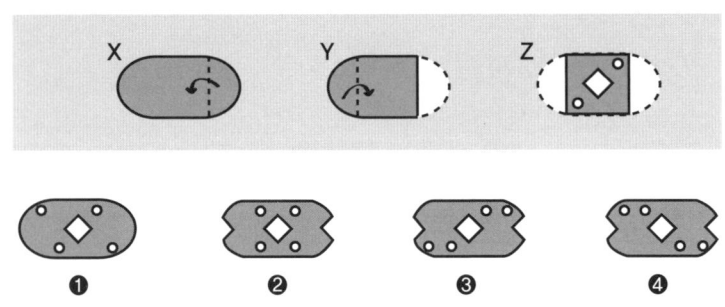

Day 003   다음 다섯 개의 그림들 중 나머지 네 개의 그림과 다른 규칙을 보이는 그림을 골라보세요.

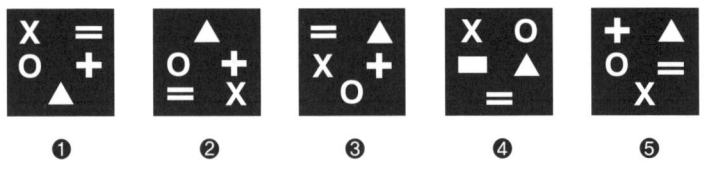

Day 004   다음과 같이 종이를 접고 잘라냈습니다. 종이를 폈을 때 어떤 모양이 될까요?

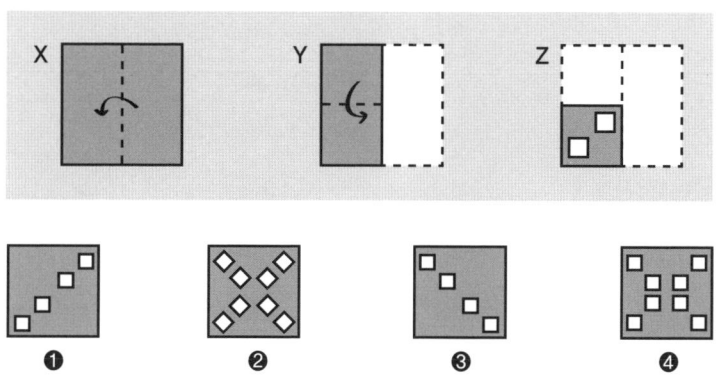

Day 005   다음 다섯 개의 그림들 중 나머지 네 개의 그림과 다른 규칙을 보이는 그림을 골라보세요.

Day 001 ❷

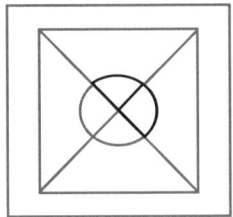

Day 002 ❸
종이를 한 겹 한 겹 머릿속으로 펴보며 잘라진 공간을 되짚어 보세요. 잘 풀리지 않는다면 직접 종이를 접고 잘라보는 것도 좋습니다.

Day 003 ❹
그림 ❹에는 '+'기호 대신 직사각형이 있습니다.

Day 004 ❹
종이를 한 겹 한 겹 머릿속으로 펴보며 잘라진 공간을 되짚어 보세요. 잘 풀리지 않는다면 직접 종이를 접고 잘라보는 것도 좋습니다.

Day 005 ❸
그림 ❸을 제외하고 나머지 그림들은 검은 면들이 서로 대칭을 이루고 있습니다. 그림 ❸은 검은 면 두 개만 다른 그림들과 같은 대칭을 보이고 나머지 두 면은 그렇지 못합니다.

Day 001 다음 중 〈보기〉를 포함하고 있는 그림을 고르세요.

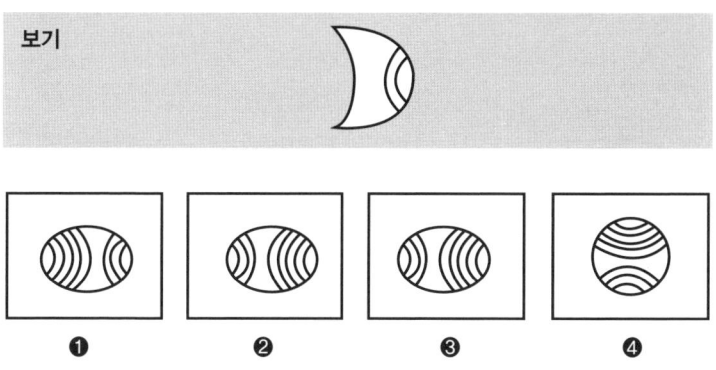

Day 002 다음 다섯 개의 그림들 중 나머지 네 개의 그림과 다른 규칙을 보이는 그림을 골라보세요.

Day 003   다음과 같이 종이를 접고 잘라냈습니다. 종이를 폈을 때 어떤 모양이 될까요?

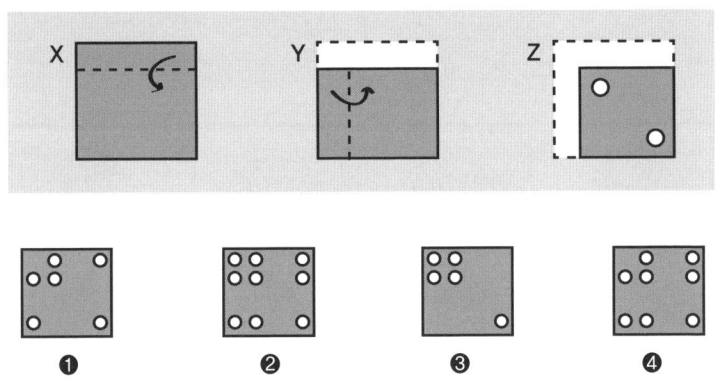

Day 004   다음 다섯 개의 그림들 중 나머지 네 개의 그림과 다른 규칙을 보이는 그림을 골라보세요.

Day 005   다음과 같이 종이를 접고 잘라냈습니다. 종이를 폈을 때 어떤 모양이 될까요?

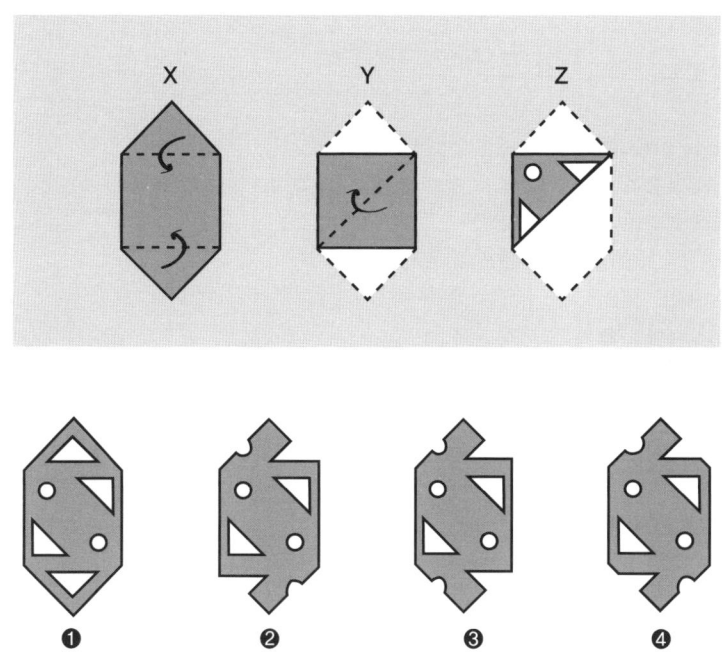

Day 001 ❶

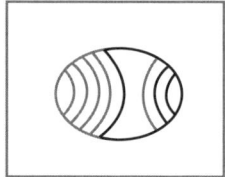

Day 002 ❸
❶부터 ❺까지 'v'모양이 하나씩 늘어나는 형태로 진행되고 있는데 그림 ❸만 v가 뒤집힌 모양을 하고 있습니다.

Day 003 ❸
종이를 한 겹 한 겹 머릿속으로 펴보며 잘라진 공간을 되짚어 보세요. 잘 풀리지 않는다면 직접 종이를 접고 잘라보는 것도 좋습니다.

Day 004 ❸
그림 ❸을 제외한 나머지 그림들에서 꽃잎은 모두 짝수입니다.

Day 005 ❹
종이를 한 겹 한 겹 머릿속으로 펴보며 잘라진 공간을 되짚어 보세요. 잘 풀리지 않는다면 직접 종이를 접고 잘라보는 것도 좋습니다.

Day 001 다음 중 〈보기〉를 포함하고 있는 그림을 고르세요.

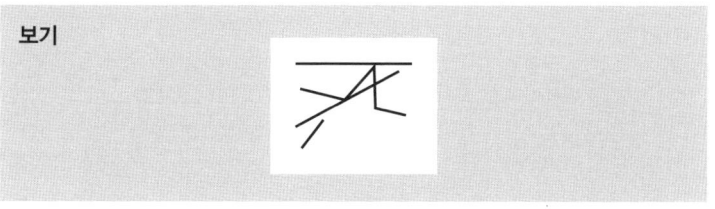

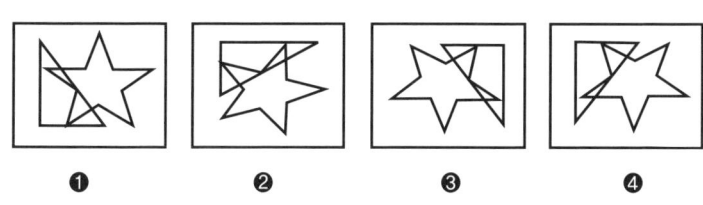

❶　　　　❷　　　　❸　　　　❹

Day 002   다음과 같이 종이를 접고 잘라냈습니다. 종이를 폈을 때 어떤 모양이 될까요?

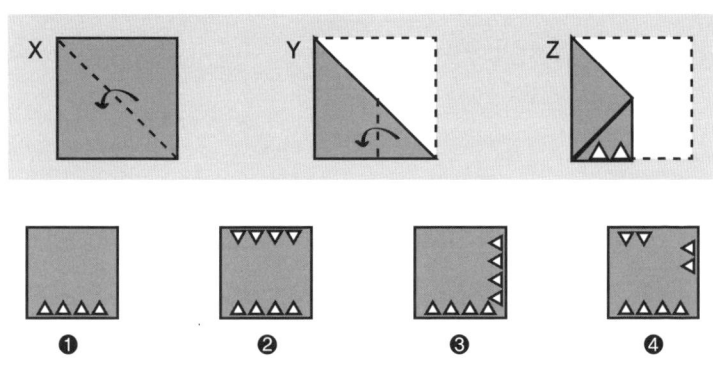

Day 003   다음 다섯 개의 그림들 중 나머지 네 개의 그림과 다른 규칙을 보이는 그림을 골라보세요.

Day 004   다음과 같이 종이를 접고 잘라냈습니다. 종이를 폈을 때 어떤 모양이 될까요?

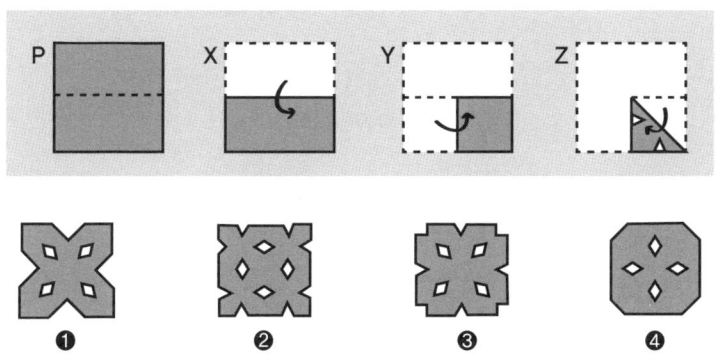

Day 005   다음 다섯 개의 그림들 중 나머지 네 개의 그림과 다른 규칙을 보이는 그림을 골라보세요.

해설

Day 001 ❷

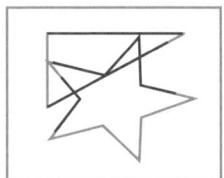

Day 002 ❸
종이를 한 겹 한 겹 머릿속으로 펴보며 잘라진 공간을 되짚어 보세요. 잘 풀리지 않는다면 직접 종이를 접고 잘라보는 것도 좋습니다.

Day 003 ❶
그림 ❶을 제외한 나머지 그림들은 모두 같은 그림이 회전하고 있는 모습입니다.

Day 004 ❷
종이를 한 겹 한 겹 머릿속으로 펴보며 잘라진 공간을 되짚어 보세요. 잘 풀리지 않는다면 직접 종이를 접고 잘라보는 것도 좋습니다.

Day 005 ❹
그림 ❹를 제외한 나머지 그림들은 모두 같은 그림이 회전하고 있는 모습입니다. 그림 ❹만 그림이 좌우 반전된 모습입니다.

Day 001 다음 중 〈보기〉를 포함하고 있는 그림을 고르세요.

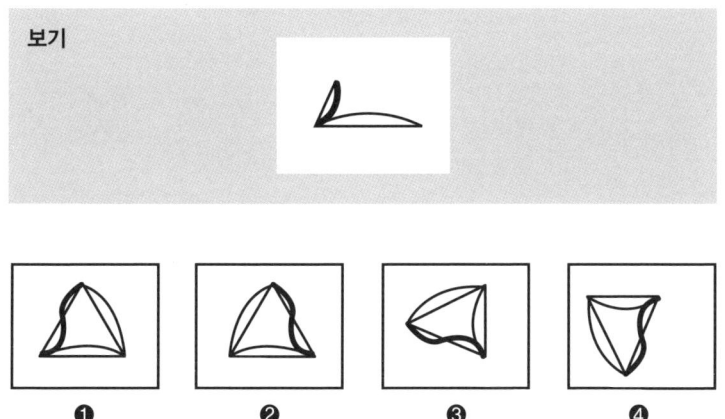

Day **002**   다음과 같이 종이를 접고 잘라냈습니다. 종이를 폈을 때 어떤 모양이 될까요?

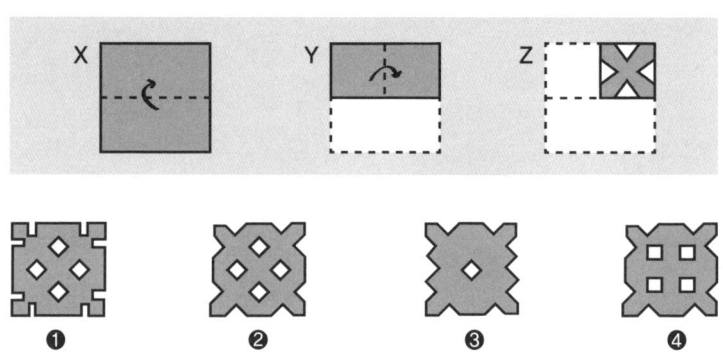

Day **003**   다음 다섯 개의 그림들 중 나머지 네 개의 그림과 다른 규칙을 보이는 그림을 골라보세요.

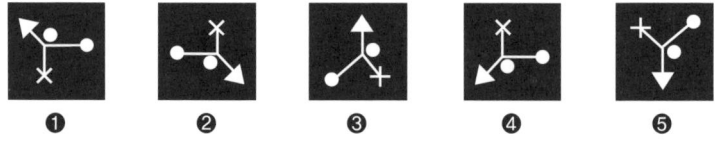

Day 004　　　다음과 같이 종이를 접고 잘라냈습니다. 종이를 폈을 때 어떤 모양이 될까요?

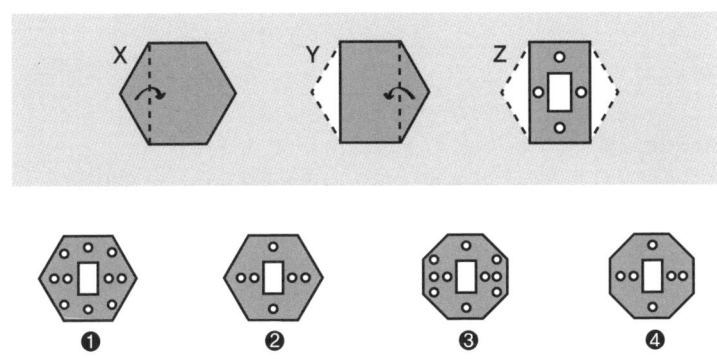

Day 005　　　다음 다섯 개의 그림들 중 나머지 네 개의 그림과 다른 규칙을 보이는 그림을 골라보세요.

Day 001 ❶

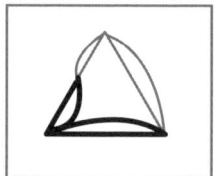

Day 002 ❷
종이를 한 겹 한 겹 머릿속으로 펴보며 잘라진 공간을 되짚어 보세요. 잘 풀리지 않는다면 직접 종이를 접고 잘라보는 것도 좋습니다.

Day 003 ❸
그림 ❸을 제외하고 나머지 그림들은 화살표와 동그라미선 사이에 점이 위치합니다.

Day 004 ❹
종이를 한 겹 한 겹 머릿속으로 펴보며 잘라진 공간을 되짚어 보세요. 잘 풀리지 않는다면 직접 종이를 접고 잘라보는 것도 좋습니다.

Day 005 ❹
그림 ❹를 제외한 나머지 그림들은 모두 세 직선을 통해 형성됩니다.

하루 1분 그림게임

초판 1쇄 발행 2017년 3월 31일
초판 2쇄 발행 2019년 12월 20일

엮은이 YM기획 / **감수** 조신영
펴낸이 추미경

책임편집 이서윤 / **마케팅** 신용천 / **디자인** 정혜욱

펴낸곳 베프북스 / **주소** 경기도 고양시 덕양구 화중로 130번길 48, 6층 603-2호
전화 031-968-9556 / **팩스** 031-968-9557
출판등록 제2014-000296호

ISBN 979-11-86834-36-7
　　　 979-11-86834-35-0 세트

전자우편 befbooks75@naver.com / **블로그** http://blog.naver.com/befbooks75
페이스북 https://www.facebook.com/bestfriendbooks75

• 이 책은 저작권법에 의하여 보호를 받는 저작물이므로 무단 전재와 복제를 금합니다.
• 잘못된 책은 구입하신 서점이나 본사로 연락하시면 바꿔 드립니다.
• 책값은 뒤표지에 있습니다.